Heinrich Heine

Autobiographisches

Geständnisse

Memoiren

Testament

Heinrich Heine: Autobiographisches. Geständnisse / Memoiren / Testament

Geständnisse:
: Entstanden 1852/54. Erstdruck unter dem Titel »Aveux d'un poète« (Geständnisse eines Dichters) in: Revue de deux mondes (Paris), September 1854, erste autorisierte deutsche Ausgabe in: Vermischte Schriften, Hamburg (Hoffmann und Campe) 1854.

Memoiren:
: Entstanden 1854/55. Erstdruck: Heinrich Heines Memoiren, hg. v. Eduard Engel, Hamburg (Hoffmann und Campe) 1884.

Testament:
: Übersetzung von Adolf Strodtmann. Erstdruck in: Adolf Strodtmann: Heinrich Heines Leben und Werke, 2. Auflage, Berlin 1874.

Neuausgabe mit einer Biographie des Autors
Herausgegeben von Karl-Maria Guth
Berlin 2017

Der Text dieser Ausgabe folgt:
Heinrich Heine: Werke und Briefe in zehn Bänden. Herausgegeben von Hans Kaufmann, 2. Auflage, Berlin und Weimar: Aufbau, 1972.

Die Paginierung obiger Ausgabe wird hier als Marginalie zeilengenau mitgeführt.

Umschlaggestaltung von Thomas Schultz-Overhage unter Verwendung des Bildes: Heinrich Heine (Gemälde von Moritz Oppenheim, 1831)

Gesetzt aus der Minion Pro, 11 pt

Verlag: Henricus - Edition Deutsche Klassik GmbH
Mörchinger Str. 33, 14169 Berlin, info@henricus-verlag.de
Druck: Libri Plureos GmbH, Friedensallee 273, 22763 Hamburg

Die Ausgaben der Sammlung Hofenberg basieren auf zuverlässigen Textgrundlagen. Die Seitenkonkordanz zu anerkannten Studienausgaben machen Hofenbergtexte auch in wissenschaftlichem Zusammenhang zitierfähig.

ISBN 978-3-7437-0728-3

Bibliografische Information der Deutschen Nationalbibliothek

Die Deutsche Nationalbibliothek verzeichnet diese Publikation in der Deutschen Nationalbibliografie; detaillierte bibliografische Daten sind im Internet über www.dnb.de abrufbar.

Inhalt

Geständnisse 4
Memoiren 75
Testament 127
Biographie 133

Geständnisse

Geschrieben im Winter 1854

Vorwort

Die nachfolgenden Blätter schrieb ich, um sie einer neuen Ausgabe meines Buches »De l'Allemagne« einzuverleiben. Voraussetzend, daß ihr Inhalt auch die Aufmerksamkeit des heimischen Publikums in Anspruch nehmen dürfte, veröffentliche ich diese Geständnisse ebenfalls in deutscher Sprache, und zwar noch vor dem Erscheinen der französischen Version. Zu dieser Vorsicht zwingt mich die Fingerfertigkeit sogenannter Übersetzer, die, obgleich ich jüngst in deutschen Blättern die Originalausgabe eines Opus ankündigte, dennoch sich nicht entblödeten, aus einer Pariser Zeitschrift den bereits in französischer Sprache erschienenen Anfang meines Werks aufzuschnappen und als besondere Broschüre verdeutscht herauszugeben[1], solchermaßen nicht bloß die literarische Reputation, sondern auch die Eigentumsinteressen des Autors beeinträchtigend. Dergleichen Schnapphähne sind weit verächtlicher als der Straßenräuber, der sich mutig der Gefahr des Gehenktwerdens aussetzt, während jene, mit feigster Sicherheit die Lücken unsrer Preßgesetzgebung ausbeutend, ganz straflos den armen Schriftsteller um seinen ebenso mühsamen wie kümmerlichen Erwerb bestehlen können. Ich will den besondern Fall, von welchem ich rede, hier nicht weitläufig erörtern; überrascht, ich gestehe es, hat die Büberei mich nicht. Ich habe mancherlei bittere Erfahrungen gemacht, und der alte Glaube oder Aberglaube an deutsche Ehrlichkeit ist bei mir sehr in die Krümpe gegangen. Ich kann es nicht verhehlen, daß ich, zumal während meines Aufenthalts in Frankreich, sehr oft das Opfer jenes Aberglaubens ward. Sonderbar genug, unter den Gaunern, die ich leider zu meinem Schaden kennenlernte, befand sich nur ein einziger Franzose, und dieser Gauner

---

[1] Die verbannten Götter, von Heinrich Heine. Aus dem Französischen. Nebst Mitteilungen über den kranken Dichter. Berlin, Gustav Hempel, 1853.

war gebürtig aus einem jener deutschen Gauen, die, einst dem deutschen Reich entrissen, jetzt von unsern Patrioten zurückverlangt werden. Sollte ich, in der ethnographischen Weise des Leporello, eine illustrierte Liste von den respektiven Spitzbuben anfertigen, die mir die Tasche geleert, so würden freilich alle zivilisierten Länder darin zahlreich genug repräsentiert werden, aber die Palme bliebe doch dem Vaterlande, welches das Unglaublichste geleistet, und ich könnte davon ein Lied singen mit dem Refrain:

Aber in Deutschland tausend und drei!

Charakteristisch ist es, daß unsern deutschen Schelmen immer eine gewisse Sentimentalität anklebt. Sie sind keine kalten Verstandesspitzbuben, sondern Schufte von Gefühl. Sie haben Gemüt, sie nehmen den wärmsten Anteil an dem Schicksal derer, die sie bestohlen, und man kann sie nicht loswerden. Sogar unsre vornehmen Industrieritter sind nicht bloße Egoisten, die nur für sich stehlen, sondern sie wollen den schnöden Mammon erwerben, um Gutes zu tun; in den Freistunden, wo sie nicht von ihren Berufsgeschäften, z.B. von der Direktion einer Gasbeleuchtung der böhmischen Wälder, in Anspruch genommen werden, beschützen sie Pianisten und Journalisten, und unter der buntgestickten, in allen Farben der Iris schillernden Weste trägt mancher auch ein Herz, und in dem Herzen den nagenden Bandwurm des Weltschmerzes. Der Industrielle, der mein obenerwähntes Opus in sogenannter Übersetzung als Broschüre herausgegeben, begleitete dieselbe mit einer Notiz über meine Person, worin er wehmütig meinen traurigen Gesundheitszustand bejammert und durch eine Zusammenstellung von allerlei Zeitungsartikeln über mein jetziges klägliches Aussehen die rührendsten Nachrichten mitteilt, so daß ich hier von Kopf bis zu Fuß beschrieben bin und ein witziger Freund bei dieser Lektüre lachend ausrufen konnte: »Wir leben wirklich in einer verkehrten Welt, und es ist jetzt der Dieb, welcher den Steckbrief des ehrlichen Mannes, den er bestohlen hat, zur öffentlichen Kunde bringt.« –

Geschrieben zu Paris, im März 1854

Geständnisse

Ein geistreicher Franzose – vor einigen Jahren hätten diese Worte einen Pleonasmus gebildet – nannte mich einst einen romantique défroqué. Ich hege eine Schwäche für alles, was Geist ist, und so boshaft die Benennung war, hat sie mich dennoch höchlich ergötzt. Sie ist treffend. Trotz meiner exterminatorischen Feldzüge gegen die Romantik blieb ich doch selbst immer ein Romantiker, und ich war es in einem höhern Grade, als ich selbst ahnte. Nachdem ich dem Sinne für romantische Poesie in Deutschland die tödlichsten Schläge beigebracht, beschlich mich selbst wieder eine unendliche Sehnsucht nach der blauen Blume im Traumlande der Romantik, und ich ergriff die bezauberte Laute und sang ein Lied, worin ich mich allen holdseligen Übertreibungen, aller Mondscheintrunkenheit, allem blühenden Nachtigallenwahnsinn der einst so geliebten Weise hingab. Ich weiß, es war »das letzte freie Waldlied der Romantik«, und ich bin ihr letzter Dichter: mit mir ist die alte lyrische Schule der Deutschen geschlossen, während zugleich die neue Schule, die moderne deutsche Lyrik, von mir eröffnet ward. Diese Doppelbedeutung wird mir von den deutschen Literarhistorikern zugeschrieben. Es ziemt mir nicht, mich hierüber weitläufig auszulassen, aber ich darf mit gutem Fuge sagen, daß ich in der Geschichte der deutschen Romantik eine große Erwähnung verdiene. Aus diesem Grunde hätte ich in meinem Buche »De l'Allemagne«, wo ich jene Geschichte der romantischen Schule so vollständig als möglich darzustellen suchte, eine Besprechung meiner eignen Person liefern müssen. Indem ich dieses unterließ, entstand eine Lakune, welcher ich nicht leicht abzuhelfen weiß. Die Abfassung einer Selbstcharakteristik wäre nicht bloß eine sehr verfängliche, sondern sogar eine unmögliche Arbeit. Ich wäre ein eitler Geck, wenn ich hier das Gute, das ich von mir zu sagen wüßte, drall hervorhübe, und ich wäre ein großer Narr, wenn ich die Gebrechen, deren ich mich vielleicht ebenfalls bewußt bin, vor aller Welt zur Schau stellte – Und dann, mit dem besten Willen der Treuherzigkeit kann kein Mensch über sich selbst die Wahrheit sagen. Auch ist dies niemandem bis jetzt gelungen, weder dem heiligen Augustin, dem frommen Bischof von Hippo, noch dem Genfer Jean-Jacques Rousseau, und am allerwenigsten diesem letztern, der sich den Mann der Wahrheit und der Natur nannte, während er doch im Grunde viel verlogener und unnatürlicher war als seine Zeitgenossen. Er ist freilich zu stolz, als daß er sich gute Eigenschaften oder schöne Handlungen fälschlich zuschriebe, er erfindet vielmehr die abscheulichsten Dinge zu seiner eignen Verunglimpfung. Verleumdete er sich etwa selbst, um mit desto größerm Schein von Wahrhaftigkeit auch andre, z.B. meinen armen Landsmann Grimm, verleumden zu können? Oder macht er unwahre Bekenntnisse, um wirkliche Vergehen darunter zu verbergen, da, wie männiglich bekannt ist, die Schmachgeschichten, die über uns im Umlauf sind, uns nur dann sehr schmerzhaft zu berühren pflegen, wenn sie Wahrheit enthalten, während unser Gemüt minder verdrießlich davon verletzt wird, wenn sie nur eitel Erfindnisse sind. So bin ich überzeugt, Jean-Jacques hat das Band nicht gestohlen, das einer unschuldig angeklagten und fortgejagten Kammerjungfer Ehre und Dienst kostete; er hatte gewiß kein Talent zum Stehlen, er war viel zu blöde und täppisch, er, der künftige Bär der Eremitage. Er hat vielleicht eines andern Vergehens sich schuldig gemacht, aber es war kein Diebstahl. Auch hat er seine Kinder nicht ins Findelhaus geschickt, sondern nur die Kinder von Mademoiselle Therese Levasseur. Schon vor dreißig Jahren machte mich einer der größten deutschen Psychologen auf eine Stelle der »Konfessionen« aufmerksam, woraus bestimmt zu deduzieren war, daß Rousseau nicht der Vater jener Kinder sein konnte; der eitle Brummbär wollte sich lieber für einen barbarischen Vater ausgeben, als daß er den Verdacht ertrüge, aller Vaterschaft unfähig gewesen zu sein. Aber der Mann, der in seiner eignen Person auch die menschliche Natur verleumdete, er blieb ihr doch treu in bezug auf unsre Erbschwäche, die darin besteht, daß wir in den Augen der Welt immer anders erscheinen wollen, als wir wirklich sind. Sein Selbstporträt ist eine Lüge, bewundernswürdig ausgeführt, aber eine brillante Lüge. Da war der König der Aschantis, von welchem ich jüngst in einer afrikanischen Reisebeschreibung viel Ergötzliches las, viel ehrlicher, und das naive Wort dieses Negerfürsten, welches die oben angedeutete menschliche Schwäche so spaßhaft resümiert, will ich hier mitteilen. Als nämlich der Major Bowdich in der Eigenschaft eines Ministerresidenten von dem englischen Gouverneur des Kaps der Guten Hoffnung an den Hof jenes mächtigsten Monarchen Südafrikas geschickt ward, suchte er sich die Gunst der Höflinge und zumal der Hofdamen, die trotz ihrer schwarzen Haut mitunter außerordentlich schön waren, dadurch zu erwerben, daß er sie porträtierte. Der König, welcher die frappante Ähnlichkeit bewunderte, verlangte ebenfalls konterfeit zu werden und hatte dem Maler bereits einige Sitzungen gewidmet, als dieser zu bemerken glaubte, daß der König, der oft aufgesprungen war, um die Fortschritte des Porträts zu beobachten, in seinem Antlitze einige Unruhe und die grimassierende Verlegenheit eines Mannes verriet, der einen Wunsch auf der Zunge hat, aber doch keine Worte dafür finden kann – der Maler drang jedoch so lange in Seine Majestät, ihm Ihr allerhöchstes Begehr kundzugeben, bis der arme Negerkönig endlich kleinlaut ihn fragte, ob es nicht anginge, daß er ihn *weiß* malte.

Das ist es. Der schwarze Negerkönig will weiß gemalt sein. Aber lacht nicht über den armen Afrikaner – jeder Mensch ist ein solcher Negerkönig, und jeder von uns möchte dem Publikum in einer andern Farbe erscheinen, als die ist, womit uns die Fatalität angestrichen hat. Gottlob, daß ich dieses begreife, und ich werde mich daher hüten, hier in diesem Buche mich selbst abzukonterfeien. Doch der Lakune, welche dieses mangelnde Porträt verursacht, werde ich in den folgenden Blättern einigermaßen abzuhelfen suchen, indem ich hier genugsam Gelegenheit finde, meine Persönlichkeit so bedenklich als möglich hervortreten zu lassen. Ich habe mir nämlich die Aufgabe gestellt, hier nachträglich die Entstehung dieses Buches und die philosophischen und religiösen Variationen, die seit seiner Abfassung im Geiste des Autors vorgefallen, zu beschreiben, zu Nutz und Frommen des Lesers dieser neuen Ausgabe meines Buches »De l'Allemagne«.

Seid ohne Sorge, ich werde mich nicht zu weiß malen und meine Nebenmenschen nicht zu sehr anschwärzen. Ich werde immer meine Farbe ganz getreu angeben, damit man wisse, wieweit man meinem Urteil trauen darf, wenn ich Leute von andrer Farbe bespreche.

Ich erteilte meinem Buche denselben Titel, unter welchem Frau von Staël ihr berühmtes Werk, das denselben Gegenstand behandelt, herausgegeben hat, und zwar tat ich es aus polemischer Absicht. Daß eine solche mich leitete, verleugne ich keineswegs; doch indem ich von vornherein erkläre, eine Parteischrift geliefert zu haben, leiste ich dem Forscher der Wahrheit vielleicht bessere Dienste, als wenn ich eine gewisse laue Unparteilichkeit erheuchelte, die immer eine Lüge und dem befehdeten Autor verderblicher ist als die entschiedenste Feindschaft.

Da Frau von Staël ein Autor von Genie ist und einst die Meinung aussprach, daß das Genie kein Geschlecht habe, so kann ich mich bei dieser Schriftstellerin auch jener galanten Schonung überheben, die wir gewöhnlich den Damen angedeihen lassen und die im Grunde doch nur ein mitleidiges Zertifikat ihrer Schwäche ist.

Ist die banale Anekdote wahr, welche man in bezug auf obige Äußerung von Frau von Staël erzählt und die ich bereits in meinen Knabenjahren unter andern Bonmots des Empires vernahm? Es heißt nämlich, zur Zeit, wo Napoleon noch Erster Konsul war, sei einst Frau von Staël nach der Behausung desselben gekommen, um ihm einen Besuch abzustatten; doch trotzdem daß der diensttuende Huissier ihr versicherte, nach strenger Weisung niemanden vorlassen zu dürfen, habe sie dennoch unerschütterlich darauf bestanden, seinem ruhmreichen Hausherrn unverzüglich angekündigt zu werden. Als dieser letztere ihr hierauf sein Bedauern vermelden ließ, daß er die verehrte Dame nicht empfangen könne, sintemalen er sich eben im Bade befände, soll dieselbe ihm die famose Antwort zurückgeschickt haben, daß solches kein Hindernis wäre, denn das Genie habe kein Geschlecht.

Ich verbürge nicht die Wahrheit dieser Geschichte; aber sollte sie auch unwahr sein, so bleibt sie doch gut erfunden. Sie schildert die Zudringlichkeit, womit die hitzige Person den Kaiser verfolgte. Er hatte nirgends Ruhe vor ihrer Anbetung. Sie hatte sich einmal in den Kopf gesetzt, daß der größte Mann des Jahrhunderts auch mit der größten Zeitgenossin mehr oder minder idealisch gepaart werden müsse. Aber als sie einst, in Erwartung eines Kompliments, an den Kaiser die Frage richtete, welche Frau er für die größte seiner Zeit halte, antwortete jener: »Die Frau, welche die meisten Kinder zur Welt gebracht.« Das war nicht galant, wie denn nicht zu leugnen ist, daß der Kaiser den Frauen gegenüber nicht jene zarten Zuvorkommenheiten und Aufmerksamkeiten ausübte, welche die Französinnen so sehr lieben. Aber diese letztern werden nie durch taktloses Benehmen irgendeine Unartigkeit selbst hervorrufen, wie es die berühmte Genferin getan, die bei dieser Gelegenheit bewies, daß sie trotz ihrer physischen Beweglichkeit von einer gewissen heimatlichen Unbeholfenheit nicht frei geblieben.

Als die gute Frau merkte, daß sie mit all ihrer Andringlichkeit nichts ausrichtete, tat sie, was die Frauen in solchen Fällen zu tun pflegen, sie erklärte sich gegen den Kaiser, räsonierte gegen seine brutale und ungalante Herrschaft und räsonierte so lange, bis ihr die Polizei den Laufpaß gab. Sie flüchtete nun zu uns nach Deutschland, wo sie Materialien sammelte zu dem berühmten Buche, das den deutschen Spiritualismus als das Ideal aller Herrlichkeit feiern sollte, im Gegensatze zu dem Materialismus des imperialen Frankreichs. Hier bei uns machte sie gleich einen großen Fund. Sie begegnete nämlich einem Gelehrten namens August Wilhelm Schlegel. Das war ein Genie ohne Geschlecht. Er wurde ihr getreuer Cicerone und begleitete sie auf ihrer Reise durch alle Dachstuben der deutschen Literatur. Sie hatte einen unbändig großen Turban aufgestülpt und war jetzt die Sultanin des Gedankens. Sie ließ unsre Literaten gleichsam geistig die Revue passieren und parodierte dabei den großen Sultan der Materie. Wie dieser die Leute mit einem »Wie alt sind Sie? Wieviel Kinder haben Sie? Wieviel Dienstjahre?« usw. anging, so frug jene unsre Gelehrten: »Wie alt sind Sie? Was haben Sie geschrieben? Sind Sie Kantianer oder Fichteaner?« und dergleichen Dinge, worauf die Dame kaum die Antwort abwartete, die der getreue Mamluck August Wilhelm Schlegel, ihr Roustam, hastig in sein Notizbuch einzeichnete. Wie Napoleon diejenige Frau für die größte erklärte, welche die meisten Kinder zur Welt gebracht, so erklärte die Staël denjenigen Mann für den größten, der die meisten Bücher geschrieben. Man hat keinen Begriff davon, welchen Spektakel sie bei uns machte, und Schriften, die erst unlängst erschienen, z.B. die Memoiren der Karoline Pichler, die Briefe der Varnhagen und der Bettina Arnim, auch die Zeugnisse von Eckermann, schildern ergötzlich die Not, welche uns die Sultanin des Gedankens bereitete, zu einer Zeit, wo der Sultan der Materie uns schon genug Tribulationen verursachte. Es war geistige Einquartierung, die zunächst auf die Gelehrten fiel. Diejenigen Literatoren, womit die vortreffliche Frau ganz besonders zufrieden war und die ihr persönlich durch den Schnitt ihres Gesichtes oder die Farbe ihrer Augen gefielen, konnten eine ehrenhafte Erwähnung, gleichsam das Kreuz der Légion d'honneur, in ihrem Buche »De l'Allemagne« erwarten. Dieses Buch macht auf mich immer einen so komischen wie ärgerlichen Eindruck. Hier sehe ich die passionierte Frau mit all ihrer Turbulenz, ich sehe, wie dieser Sturmwind in Weibskleidern durch unser ruhiges Deutschland fegte, wie sie überall entzückt ausruft: »Welche labende Stille weht mich hier an!« Sie hatte sich in Frankreich echauffiert und kam nach Deutschland, um sich bei uns abzukühlen. Der keusche Hauch unsrer Dichter tat ihrem heißen, sonnigen Busen so wohl! Sie betrachtete unsre Philosophen wie verschiedene Eissorten und verschluckte Kant als Sorbett von Vanille, Fichte als Pistache, Schelling als Arlequin! – »O wie hübsch kühl ist es in euren Wäldern« – rief sie beständig –, »welcher erquickende Veilchengeruch! wie zwitschern die Zeisige so friedlich in ihrem deutschen Nestchen! Ihr seid ein gutes, tugendhaftes Volk und habt noch keinen Begriff von dem Sittenverderbnis, das bei uns herrscht, in der Rue du Bac.«

Die gute Dame sah bei uns nur, was sie sehen wollte: ein nebelhaftes Geisterland, wo die Menschen ohne Leiber, ganz Tugend, über Schneegefilde wandeln und sich nur von Moral und Metaphysik unterhalten! Sie sah bei uns überall nur, was sie sehen wollte, und hörte nur, was sie hören und wiedererzählen wollte – und dabei hörte sie doch nur wenig, und nie das Wahre, einesteils, weil sie immer selber sprach, und dann, weil sie mit ihren barschen Fragen unsre bescheidenen Gelehrten verwirrte und verblüffte, wenn sie mit ihnen diskurierte. – »Was ist Geist?« sagte sie zu dem blöden Professor Bouterwek, indem sie ihr dickfleischiges Bein auf seine dünnen, zitternden Lenden legte. »Ach«, schrieb sie dann, »wie interessant ist dieser Bouterwek! Wie der Mann die Augen niederschlägt! Das ist mir nie passiert mit meinen Herren zu Paris, in der Rue du Bac!« Sie sieht überall deutschen Spiritualismus, sie preist unsre Ehrlichkeit, unsre Tugend, unsre Geistesbildung – sie sieht nicht unsre Zuchthäuser, unsre Bordelle, unsre Kasernen – man sollte glauben, daß jeder Deutsche den Prix Monthyon verdiente – Und das alles, um den Kaiser zu nergeln, dessen Feinde wir damals waren.

Der Haß gegen den Kaiser ist die Seele dieses Buches »De l'Allemagne«, und obgleich sein Name nirgends darin genannt wird, sieht man doch, wie die Verfasserin bei jeder Zeile nach den Tuilerien schielt. Ich zweifle nicht, daß das Buch den Kaiser weit empfindlicher verdrossen hat als der direkteste Angriff, denn nichts verwundet einen Mann so sehr wie kleine weibliche Nadelstiche. Wir sind auf große Schwertstreiche gefaßt, und man kitzelt uns an den kitzligsten Stellen.

O die Weiber! Wir müssen ihnen viel verzeihen, denn sie lieben viel, und sogar viele. Ihr Haß ist eigentlich nur eine Liebe, welche umgesattelt hat. Zuweilen suchen sie auch uns Böses zuzufügen, weil sie dadurch einem andern Manne etwas Liebes zu erweisen denken. Wenn sie schreiben, haben sie ein Auge auf das Papier und das andre auf einen

Mann gerichtet, und dieses gilt von allen Schriftstellerinnen, mit Ausnahme der Gräfin Hahn-Hahn, die nur ein Auge hat. Wir männlichen Schriftsteller haben ebenfalls unsre vorgefaßten Sympathien, und wir schreiben für oder gegen eine Sache, für oder gegen eine Idee, für oder gegen eine Partei; die Frauen jedoch schreiben immer für oder gegen einen einzigen Mann oder, besser gesagt, wegen eines einzigen Mannes. Charakteristisch ist bei ihnen ein gewisser Cancan, der Klüngel, den sie auch in die Literatur herüberbringen und der mir weit fataler ist als die roheste Verleumdungswut der Männer. Wir Männer lügen zuweilen. Die Weiber, wie alle passive Naturen, können selten erfinden, wissen jedoch das Vorgefundene dergestalt zu entstellen, daß sie uns dadurch noch weit sicherer schaden als durch entschiedene Lügen. Ich glaube wahrhaftig, mein Freund Balzac hatte recht, als er mir einst in einem sehr seufzenden Tone sagte: »La femme est un être dangereux.«

Ja, die Weiber sind gefährlich; aber ich muß doch die Bemerkung hinzufügen, daß die schönen nicht so gefährlich sind als die, welche mehr geistige als körperliche Vorzüge besitzen. Denn jene sind gewohnt, daß ihnen die Männer den Hof machen, während die andern der Eigenliebe der Männer entgegenkommen und durch den Köder der Schmeichelei einen größern Anhang gewinnen als die Schönen. Ich will damit beileibe nicht andeuten, als ob Frau von Staël häßlich gewesen sei; aber eine Schönheit ist ganz etwas anderes. Sie hatte angenehme Einzelheiten, welche aber ein sehr unangenehmes Ganze bildeten; besonders unerträglich für nervöse Personen, wie es der selige Schiller gewesen, war ihre Manie, beständig einen kleinen Stengel oder eine Papiertüte zwischen den Fingern wirbelnd herumzudrehen – dieses Manöver machte den armen Schiller schwindlicht, und er ergriff in Verzweiflung alsdann ihre schöne Hand, um sie festzuhalten, und Frau von Staël glaubte, der gefühlvolle Dichter sei hingerissen von dem Zauber ihrer Persönlichkeit. Sie hatte in der Tat sehr schöne Hände, wie man mir sagt, und auch die schönsten Arme, die sie immer nackt sehen ließ; gewiß, die Venus von Milo hätte keine so schönen Arme aufzuweisen. Ihre Zähne überstrahlten an Weiße das Gebiß der kostbarsten Rosse Arabiens. Sie hatte sehr große, schöne Augen, ein Dutzend Amoretten würden Platz gefunden haben auf ihren Lippen, und ihr Lächeln soll sehr holdselig gewesen sein. Häßlich war sie also nicht – keine Frau ist häßlich –, soviel läßt sich aber mit Fug behaupten: wenn die schöne Helena von Sparta so ausgesehen hätte, so wäre der ganze Trojanische Krieg nicht entstanden, die Burg des Priamus wäre nicht verbrannt worden, und Homer hätte nimmermehr besungen den Zorn des Peliden Achilles.

Frau von Staël hatte sich, wie oben gesagt, gegen den großen Kaiser erklärt und machte ihm den Krieg. Aber sie beschränkte sich nicht darauf, Bücher gegen ihn zu schreiben; sie suchte ihn auch durch nichtliterarische Waffen zu befehden: sie war einige Zeit die Seele aller jener aristokratischen und jesuitischen Intrigen, die der Koalition gegen Napoleon vorangingen, und wie eine wahre Hexe kauerte sie an dem brodelnden Topfe, worin alle diplomatischen Giftmischer, ihre Freunde Talleyrand, Metternich, Pozzo di Borgo, Castlereagh usw., dem großen Kaiser sein Verderben eingebrockt hatten. Mit dem Kochlöffel des Hasses rührte das Weib herum in dem fatalen Topfe, worin zugleich das Unglück der ganzen Welt gekocht wurde. Als der Kaiser unterlag, zog Frau von Staël siegreich ein in Paris mit ihrem Buche »De l'Allemagne« und in Begleitung von einigen hunderttausend Deutschen, die sie gleichsam als eine pompöse Illustration ihres Buches mitbrachte. Solchermaßen illustriert durch lebendige Figuren, mußte das Werk sehr an Authentizität gewinnen, und man konnte sich hier durch den Augenschein überzeugen, daß der Autor uns Deutsche und unsre vaterländischen Tugenden sehr treu geschildert hatte. Welches köstliche Titelkupfer war jener Vater Blücher, diese alte Spielratte, dieser ordinäre Knaster, welcher einst einen Tagesbefehl erteilt hatte, worin er sich vermaß, wenn er den Kaiser lebendig finge, denselben *aushauen* zu lassen. Auch unsern A. W. v. Schlegel brachte Frau von Staël mit nach Paris, und das war ein Musterbild deutscher Naivetät und Heldenkraft. Es folgte ihr ebenfalls Zacharias Werner, dieses Modell deutscher Reinlichkeit, hinter welchem die entblößten Schönen des Palais Royal lachend einherliefen. Zu den interessanten Figuren, welche sich damals in ihrem deutschen Kostüme den Parisern vorstellten, gehörten auch die Herren Görres, Jahn und Ernst Moritz Arndt, die drei berühmtesten Franzosenfresser, eine drollige Gattung Bluthunde, denen der berühmte Patriot Börne in seinem Buche »Menzel der Franzosenfresser« diesen Namen erteilt hat. Besagter Menzel ist keineswegs, wie einige glauben, eine fingierte Personnage, sondern er hat wirklich in Stuttgart existiert oder vielmehr ein Blatt herausgegeben, worin er täglich ein halb Dutzend Franzosen abschlachtete und mit Haut und Haar auffraß; wenn er seine sechs Franzosen verzehrt hatte, pflegte er manchmal noch obendrein einen Juden zu fressen, um im Munde einen guten Geschmack zu behalten, pour se faire la bonne bouche. Jetzt hat er längst ausgebellt, und zahnlos, räudig, verlungert er im Makulaturwinkel irgendeines schwäbischen Buchladens. Unter den Musterdeutschen, welche zu Paris im Gefolge der Frau von Staël zu sehen waren, befand sich auch Friedrich von Schlegel, welcher gewiß die gastronomische Asketik oder den Spiritualismus des gebratenen Hühnertums repräsentierte; ihn begleitete seine würdige Gattin Dorothea, geborne Mendelssohn und entlaufene Veit. Ich darf hier ebenfalls eine andre Illustration dieser Gattung, einen merkwürdigen Akoluthen der Schlegel, nicht mit Stillschweigen übergehen. Dieses ist ein deutscher Baron, welcher, von den Schlegeln besonders rekommandiert, die germanische Wissenschaft in Paris repräsentieren sollte. Er war gebürtig aus Altona, wo er einer der angesehensten israelitischen Familien angehörte. Sein Stammbaum, welcher bis zu Abraham, dem Sohne Thaers und Ahnherrn Davids, des Königs über Juda und Israel, hinaufreichte, berechtigte ihn hinlänglich, sich einen Edelmann zu nennen, und da er, wie der Synagoge, auch späterhin dem Protestantismus entsagte und, letztern förmlich abschwörend, sich in den Schoß der römisch-katholischen, alleinseligmachenden Kirche begeben hatte, durfte er auch mit gutem Fug auf den Titel eines katholischen Barons Anspruch machen. In dieser Eigenschaft, und um die feudalistischen und klerikalischen Interessen zu vertreten, stiftete er zu Paris ein Journal, betitelt »Le catholique«. Nicht bloß in diesem Blatte, sondern auch in den Salons einiger frommen Douairièren des edlen Faubourgs sprach der gelehrte Edelmann beständig von Buddha und wieder von Buddha, und weitläufig gründlich bewies er, daß es zwei Buddha gegeben, was ihm die Franzosen schon auf sein bloßes Ehrenwort als Edelmann geglaubt hätten, und er wies nach, wie sich das Dogma der Trinität schon in den indischen Trimurtis befunden, und er zitierte den »Ramayana«, den »Mahabharata«, die »Upnekats«, die Kuh Sabala und den König Wiswamitra, die »Snorrische Edda« und noch viele unentdeckte Fossilien und Mammutsknochen, und er war dabei ganz antediluvianisch trocken und sehr langweilig, was immer die Franzosen blendet. Da er beständig zurückkam auf Buddha und dieses Wort vielleicht komisch aussprach, haben ihn die frivolen Franzosen zuletzt den Baron Buddha genannt. Unter diesem Namen fand ich ihn im Jahre 1831 zu Paris, und als ich ihn mit einer sazerdotalen und fast synagogikalen Gravität seine Gelehrsamkeit ableiern hörte, erinnerte er mich an einen komischen Kauz im »Vicar of Wakefield« von Goldsmith, welcher, wie ich glaube, Mr. Jenkinson hieß und jedesmal, wenn er einen Gelehrten antraf, den er prellen wollte, einige Stellen aus Manetho, Berosus und Sanchuniathon zitierte; das Sanskrit war damals noch nicht erfunden. – Ein deutscher Baron idealern Schlages war mein armer Freund Friedrich de la Motte Fouqué, welcher damals, der Kollektion der Frau von Staël angehörend, auf seiner hohen Rosinante in Paris einritt. Er war ein Don Quixote vom Wirbel bis zur Zehe; las man seine Werke, so bewunderte man – Cervantes.

Aber unter den französischen Paladinen der Frau von Staël war mancher gallische Don Quixote, der unsern germanischen Rittern in der Narrheit nicht nachzustehen brauchte, z.B. ihr Freund, der Vicomte Chateaubriand, der Narr mit der schwarzen Schellenkappe, der zu jener Zeit der siegenden Romantik von seiner frommen Pilgerfahrt zurückkehrte. Er brachte eine ungeheuer große Flasche Wasser aus dem Jordan mit nach Paris, und seine im Laufe der Revolution wieder heidnisch gewordenen Landsleute taufte er aufs neue mit diesem heiligen Wasser, und die begossenen Franzosen wurden jetzt wahre Christen und entsagten dem Satan und seinen Herrlichkeiten, bekamen im Reiche des Himmels Ersatz für die Eroberungen, die sie auf Erden einbüßten, worunter z.B. die Rheinlande, und bei dieser Gelegenheit wurde ich ein Preuße.

Ich weiß nicht, ob die Geschichte begründet ist, daß Frau von Staël während der Hundert Tage dem Kaiser den Antrag machen ließ, ihm den Beistand ihrer Feder zu leihen, wenn er zwei Millionen, die Frankreich ihrem Vater schuldig geblieben sei, ihr auszahlen wolle. Der Kaiser, der mit dem Gelde der Franzosen, die er genau kannte, immer sparsamer war als mit ihrem Blute, soll sich auf diesen Handel nicht eingelassen haben, und die Tochter der Alpen bewährte das Volkswort: »Point d'argent, point de Suisses.« Der Beistand der talentvollen Dame hätte übrigens damals dem Kaiser wenig gefruchtet, denn bald darauf ereignete sich die Schlacht bei Waterloo.

Ich habe oben erwähnt, bei welcher traurigen Gelegenheit ich ein Preuße wurde. Ich war geboren im letzten Jahre des vorigen Jahrhunderts zu Düsseldorf, der Hauptstadt des Herzogtums Berg, welches damals den Kurfürsten von der Pfalz gehörte. Als die Pfalz dem Hause Bayern anheimfiel und der bayrische Fürst Maximilian Joseph vom Kaiser zum König von Bayern erhoben und sein Reich durch einen Teil von Tirol und andern angrenzenden Ländern vergrößert wurde, hat der König von Bayern das Herzogtum Berg zugunsten Joachim Murats, Schwagers des Kaisers, abgetreten; diesem letztern ward nun, nachdem seinem Herzogtum noch angrenzende Provinzen hinzugefügt worden, als Großherzog von Berg gehuldigt. Aber zu jener Zeit ging das Avancement sehr schnell, und es dauerte nicht lange, so machte der Kaiser den Schwager Murat zum König von Neapel, und derselbe entsagte der Souveränetät des Großherzogtums Berg zugunsten des Prinzen François, welcher ein Neffe des Kaisers und ältester Sohn des Königs Ludwig von Holland und der schönen Königin Hortense war. Da derselbe nie abdizierte und sein Fürstentum, das von den Preußen okkupiert ward, nach seinem Ableben dem Sohne des Königs von Holland, dem Prinzen Louis Napoleon Bonaparte, de jure zufiel, so ist letzterer, welcher jetzt auch Kaiser der Franzosen ist, mein legitimer Souverän.

An einem andern Orte, in meinen Memoiren, erzähle ich weitläufiger, als es hier geschehen dürfte, wie ich nach der Juliusrevolution nach Paris übersiedelte, wo ich seitdem ruhig und zufrieden lebe. Was ich während der Restauration getan und gelitten, wird ebenfalls zu einer Zeit mitgeteilt werden, wo die uneigennützige Absicht solcher Mitteilungen keinem Zweifel und keiner Verdächtigung begegnen kann. – –
Ich hatte viel getan und gelitten, und als die Sonne der Juliusrevolution in Frankreich aufging, war ich nachgerade sehr müde geworden und bedurfte einiger Erholung. Auch ward mir die heimatliche Luft täglich ungesunder, und ich mußte ernstlich an eine Veränderung des Klimas denken. Ich hatte Visionen; die Wolkenzüge ängstigten mich und schnitten mir allerlei fatale Fratzen. Es kam mir manchmal vor, als sei die Sonne eine preußische Kokarde; des Nachts träumte ich von einem häßlichen schwarzen Geier, der mir die Leber fraß, und ich ward sehr melancholisch. Dazu hatte ich einen alten Berliner Justizrat kennengelernt, der viele Jahre auf der Festung Spandau zugebracht und mir erzählte, wie es unangenehm sei, wenn man im Winter die Eisen tragen müsse. Ich fand es in der Tat sehr unchristlich, daß man den Menschen die Eisen nicht ein bißchen wärme. Wenn man uns die Ketten ein wenig

wärmte, würden sie keinen so unangenehmen Eindruck machen, und selbst fröstelnde Naturen könnten sie dann gut ertragen; man sollte auch die Vorsicht anwenden, die Ketten mit Essenzen von Rosen und Lorbeeren zu parfümieren, wie es hierzulande geschieht. Ich frug meinen Justizrat, ob er zu Spandau oft Austern zu essen bekomme. Er sagte nein, Spandau sei zu weit vom Meere entfernt. Auch das Fleisch, sagte er, sei dort rar, und es gebe dort kein anderes Geflügel als die Fliegen, die einem in die Suppe fielen. Zu gleicher Zeit lernte ich einen französischen Commis voyageur kennen, der für eine Weinhandlung reiste und mir nicht genug zu rühmen wußte, wie lustig man jetzt in Paris lebe, wie der Himmel dort voller Geigen hänge, wie man dort von morgens bis abends die Marseillaise und »En avant marchons!« und »Lafayette aux cheveux blancs« singe und Freiheit, Gleichheit und Brüderschaft an allen Straßenecken geschrieben stehe; dabei lobte er auch den Champagner seines Hauses, von dessen Adresse er mir eine große Anzahl Exemplare gab, und er versprach mir Empfehlungsbriefe für die besten Pariser Restaurants, im Fall ich die Hauptstadt zu meiner Erheiterung besuchen wollte. Da ich nun wirklich einer Aufheiterung bedurfte und Spandau zu weit vom Meere entfernt ist, um dort Austern zu essen, und mich die Spandauer Geflügelsuppen nicht sehr lockten und auch obendrein die preußischen Ketten im Winter sehr kalt sind und meiner Gesundheit nicht zuträglich sein konnten, so entschloß ich mich, nach Paris zu reisen und im Vaterland des Champagners und der Marseillaise jenen zu trinken und diese letztere, nebst »En avant, marchons!« und »Lafayette aux cheveux blancs«, singen zu hören.

Den 1. Mai 1831 fuhr ich über den Rhein. Den alten Flußgott, den Vater Rhein, sah ich nicht, und ich begnügte mich, ihm meine Visitenkarte ins Wasser zu werfen. Er saß, wie man mir sagte, in der Tiefe und studierte wieder die französische Grammatik von Meidinger, weil er nämlich während der preußischen Herrschaft große Rückschritte im Französischen gemacht hatte und sich jetzt eventualiter aufs neue einüben wollte. Ich glaubte ihn unten konjugieren zu hören: »J'aime, tu aimes, il aime, nous aimons« – Was liebt er aber? In keinem Fall die Preußen. Den Straßburger Münster sah ich nur von fern; er wackelte mit dem Kopfe, wie der alte getreue Eckart, wenn er einen jungen Fant erblickt, der nach dem Venusberge zieht.

Zu Saint-Denis erwachte ich aus einem süßen Morgenschlafe und hörte zum ersten Male den Ruf der Coucouführer: »Paris! Paris!« sowie auch das Schellengeklingel der Cocoverkäufer. Hier atmet man schon die Luft der Hauptstadt, die am Horizonte bereits sichtbar. Ein alter Schelm von Lohnbedienter wollte mich bereden, die Königsgräber zu besuchen, aber ich war nicht nach Frankreich gekommen, um tote Könige zu sehen; ich begnügte mich damit, mir von jenem Cicerone die Legende des Ortes erzählen zu lassen, wie nämlich der böse Heidenkönig dem heiligen Denis den Kopf abschlagen ließ und dieser mit dem Kopf in der Hand von Paris nach Saint-Denis lief, um sich dort begraben und den Ort nach seinem Namen nennen zu lassen. Wenn man die Entfernung bedenke, sagte mein Erzähler, müsse man über das Wunder staunen, daß jemand so weit zu Fuß ohne Kopf gehen konnte – doch setzte er mit einem sonderbaren Lächeln hinzu: »Dans des cas pareils, il n'y a que le premier pas qui coûte.« Das war zwei Franken wert, und ich gab sie ihm, pour l'amour de Voltaire. In zwanzig Minuten war ich in Paris und zog ein durch die Triumphpforte des Boulevards Saint-Denis, die ursprünglich zu Ehren Ludwigs XIV. errichtet worden, jetzt aber zur Verherrlichung meines Einzugs in Paris diente. Wahrhaft überraschte mich die Menge von geputzten Leuten, die sehr geschmackvoll gekleidet waren wie Bilder eines Modejournals. Dann imponierte mir, daß sie alle französisch sprachen, was bei uns ein Kennzeichen der vornehmen Welt; hier ist also das ganze Volk so vornehm wie bei uns der Adel. Die Männer waren alle so höflich und die schönen Frauen so lächelnd. Gab mir jemand unversehens einen Stoß, ohne gleich um Verzeihung zu bitten, so konnte ich darauf wetten, daß es ein Landsmann war; und wenn irgendeine Schöne etwas allzu säuerlich aussah, so hatte sie entweder Sauerkraut gegessen, oder sie konnte Klopstock im Original lesen. Ich fand alles so amüsant, und der Himmel war so blau und die Luft so liebenswürdig, so generös, und dabei flimmerten noch hie und da die Lichter der Julisonne; die Wangen der schönen Lutetia waren noch rot von den Flammenküssen dieser Sonne, und an ihrer Brust war noch nicht ganz verwelkt der bräutliche Blumenstrauß. An den Straßenecken waren freilich hie und da die liberté, égalité, fraternité schon wieder abgewischt. Ich besuchte sogleich die Restaurants, denen ich empfohlen war; diese Speisewirte versicherten mir, daß sie mich auch ohne Empfehlungsschreiben gut aufgenommen hätten, da ich ein so honettes und distinguiertes Äußere besäße, das sich von selbst empfehle. Nie hat mir ein deutscher Garkoch dergleichen gesagt, wenn er auch ebenso dachte, so ein Flegel meint, er müsse uns das Angenehme verschweigen und seine deutsche Offenheit verpflichte ihn, nur widerwärtige Dinge uns ins Gesicht zu sagen. In den Sitten und sogar in der Sprache der Franzosen ist soviel köstliche Schmeichelei, die sowenig kostet und doch so wohltätig und erquickend. Meine Seele, die arme Sensitive, welche die Scheu vor vaterländischer Grobheit so sehr zusammengezogen hatte, erschloß sich wieder jenen schmeichlerischen Lauten der französischen Urbanität. Gott hat uns die Zunge gegeben, damit wir unsern Mitmenschen etwas Angenehmes sagen.

Mit dem Französischen haperte es etwas bei meiner Ankunft; aber nach einer halbstündigen Unterredung mit einer kleinen Blumenhändlerin im Passage de l'Opéra ward mein Französisch, das seit der Schlacht bei Waterloo eingerostet war, wieder flüssig, ich stotterte mich wieder hinein in die galantesten Konjugationen und erklärte der Kleinen sehr verständlich das Linnéische System, wo man die Blumen nach ihren Staubfäden einteilt; die Kleine folgte einer andern Methode und teilte die Blumen ein in solche, die gut röchen, und in solche, welche stänken. Ich glaube, auch bei den Männern beobachtete sie dieselbe Klassifikation. Sie war erstaunt, daß ich trotz meiner Jugend so gelehrt sei, und posaunte meinen gelehrten Ruf im ganzen Passage de l'Opéra. Ich sog auch hier die Wohldüfte der Schmeichelei mit Wonne ein und amüsierte mich sehr. Ich wandelte auf Blumen, und manche gebratene Taube flog mir ins offne, gaffende Maul. Wieviel Amüsantes sah ich hier bei meiner Ankunft! Alle Notabilitäten des öffentlichen Ergötzens und der offiziellen Lächerlichkeit. Die ernsthaften Franzosen waren die amüsantesten. Ich sah Arnal, Bouffé, Déjazet, Debureau, Odry, Mademoiselle Georges und die große Marmite im Invalidenpalaste. Ich sah die Morgue, die Académie française, wo ebenfalls viele unbekannte Leichen ausgestellt, und endlich die Nekropolis des Luxembourg, worin alle Mumien des Meineids, mit den einbalsamierten falschen Eiden, die sie allen Dynastien der französischen Pharaonen geschworen. Ich sah im Jardin des Plantes die Giraffe, den Bock mit drei Beinen und die Känguruhs, die mich ganz besonders amüsierten. Ich sah auch Herrn von Lafayette und seine weißen Haare, letztere aber sah ich aparte, da solche in einem Medaillon befindlich waren, welches einer schönen Dame am Halse hing, während er selbst, der Held beider Welten, eine braune Perücke trug, wie alle alte Franzosen. Ich besuchte die Königliche Bibliothek und sah hier den Konservateur der Medaillen, die eben gestohlen worden; ich sah dort auch in einem obskuren Korridor den Zodiakus von Dhontera, der einst soviel Aufsehen erregt hatte, und am selben Tage sah ich Madame Récamier, die berühmteste Schönheit zur Zeit der Merowinger, sowie auch Herrn Ballanche, der zu den pièces justificatives ihrer Tugend gehörte und den sie seit undenklicher Zeit überall mit sich herumschleppte. Leider sah ich nicht Herrn von Chateautbriand, der mich gewiß amüsiert hätte. Dafür sah ich aber in der Grande Chaumière den père Lahire, in einem Momente, wo er bougrement en colère war; er hatte eben zwei junge Robespierre mit weit aufgeklappten weißen Tugendwesten bei den Krägen erfaßt und vor die Türe gesetzt; einen kleinen Saint-Just, der sich mausig machte, schmiß er ihnen nach, und einige hübsche Citoyennes des Quartier latin, welche über Verletzung der Menschheitsrechte klagten, hätte schier dasselbe Schicksal betroffen. In einem andern, ähnlichen Lokal sah ich den berühmten Chicard, den berühmten Lederhändler und Cancantänzer, eine vierschrötige Figur, deren rotaufgedunsenes Gesicht gegen die blendend weiße Krawatte vortrefflich abstach; steif und ernsthaft, glich er einem Mairieadjunkten, der sich eben anschickt, eine Rosière zu bekränzen. Ich bewunderte seinen Tanz, und ich sagte ihm, daß derselbe große Ähnlichkeit habe mit dem antiken Silenostanz, den man bei den Dionysien tanzte und der von dem würdigen Erzieher des Bacchus, dem Silenos, seinen Namen empfangen. Herr Chicard sagte mir viel Schmeichelhaftes über meine Gelehrsamkeit und präsentierte mich einigen Damen seiner Bekanntschaft, die ebenfalls nicht ermangelten, mein gründliches Wissen herumzurühmen, so daß sich bald mein Ruf in ganz Paris verbreitete und die Direktoren von Zeitschriften mich aufsuchten, um meine Kollaboration zu gewinnen.

Zu den Personen, die ich bald nach meiner Ankunft in Paris sah, gehört auch Victor Bohain, und ich erinnere mich mit Freude dieser jovialen, geistreichen Figur, die durch liebenswürdige Anregungen viel dazu beitrug, die Stirne des deutschen Träumers zu entwölken und sein vergrämtes Herz in die Heiterkeit des französischen Lebens einzuweihen. Er hatte damals die »Europe littéraire« gestiftet, und als Direktor derselben kam er zu mir mit dem Ansuchen, einige Artikel über

Deutschland in dem Genre der Frau von Staël für seine Zeitschrift zu schreiben. Ich versprach, die Artikel zu liefern, jedoch ausdrücklich bemerkend, daß ich sie in einem ganz entgegengesetzten Genre schreiben würde. »Das ist mir gleich« - war die lachende Antwort -, »außer dem genre ennuyeux gestatte ich wie Voltaire jedes Genre.« Damit ich armer Deutscher nicht in das genre ennuyeux verfiele, lud Freund Bohain mich oft zu Tische und begoß meinen Geist mit Champagner. Niemand wußte besser wie er ein Diner anzuordnen, wo man nicht bloß die beste Küche, sondern auch die köstlichste Unterhaltung genoß; niemand wußte so gut wie er als Wirt die Honneurs zu machen, niemand so gut zu repräsentieren wie Victor Bohain - auch hat er gewiß mit Recht seinen Aktionären der »Europe littéraire« hunderttausend Franken Repräsentationskosten angerechnet. Seine Frau war sehr hübsch und besaß ein niedliches Windspiel, welches Ji-Ji hieß. Zu dem Humor des Mannes trug sogar sein hölzernes Bein etwas bei, und wenn er, allerliebst um den Tisch herumhumpelnd, seinen Gästen Champagner einschenkte, glich er dem Vulkan, als derselbe das Amt Hebes verrichtete in der jauchzenden Götterversammlung. Wo ist er jetzt? Ich habe lange nichts von ihm gehört. Zuletzt, vor etwa zehn Jahren, sah ich ihn in einem Wirtshause zu Granville; er war von England, wo er sich aufhielt, um die kolossale englische Nationalschuld zu studieren und bei dieser Gelegenheit seine kleinen Privatschulden zu vergessen, nach jenem Hafenstädtchen der Basse-Normandie auf einen Tag herübergekommen, und hier fand ich ihn an einem Tischchen sitzend neben einer Bouteille Champagner und einem vierschrötigen Spießbürger mit kurzer Stirn und aufgesperrtem Maule, dem er das Projekt eines Geschäftes auseinandersetzte, woran, wie Bohain mit beredsamen Zahlen bewies, eine Million zu gewinnen war. Bohains spekulativer Geist war immer sehr groß, und wenn er ein Geschäft erdachte, stand immer eine Million Gewinn in Aussicht, nie weniger als eine Million. Die Freunde nannten ihn daher auch Messer Milione, wie einst Marco Paulo in Venedig genannt wurde, als derselbe nach seiner Rückkehr aus dem Morgenlande den maulaufsperrenden Landsleuten unter den Arkaden des Sankt-Marco-Platzes von den hundert Millionen und wieder hundert Millionen Einwohnern erzählte, welche er in den Ländern, die er bereist, in China, der Tartarei, Indien usw., gesehen habe. Die neuere Geographie hat den berühmten Venezianer, den man lange für einen Aufschneider hielt, wieder zu Ehren gebracht, und auch von unserm Pariser Messer Milione dürfen wir behaupten, daß seine industriellen Projekte immer großartig richtig ersonnen waren und nur durch Zufälligkeiten in der Ausführung mißlangen; manche brachten große Gewinne, als sie in die Hände von Personen kamen, die nicht so gut die Honneurs eines Geschäftes zu machen, die nicht so prachtvoll zu repräsentieren wußten wie Victor Bohain. Auch die »Europe littéraire« war eine vortreffliche Konzeption, ihr Erfolg schien gesichert, und ich habe ihren Untergang nie begriffen. Noch den Vorabend des Tages, wo die Stockung begann, gab Victor Bohain in den Redaktionssälen des Journals einen glänzenden Ball, wo er mit seinen dreihundert Aktionären tanzte, ganz so wie einst Leonidas mit seinen dreihundert Spartanern den Tag vor der Schlacht bei den Thermopylen. Jedesmal, wenn ich in der Galerie des Louvre das Gemälde von David sehe, welches diese antik heroische Szene darstellt, denke ich an den erwähnten letzten Tanz des Victor Bohain; ganz ebenso wie der todesmutige König des Davidischen Bildes stand er auf einem Beine; es war dieselbe klassische Stellung. – Wanderer! wenn du in Paris die Chaussée d'Antin nach den Boulevards herabwandelst und dich am Ende bei einem schmutzigen Tal, das die Rue basse du rempart geheißen, befindest, wisse! du stehst hier vor den Thermopylen der »Europe littéraire«, wo Victor Bohain heldenkühn fiel mit seinen dreihundert Aktionären!

Die Aufsätze, die ich, wie gesagt, für jene Zeitschrift zu verfassen hatte und darin abdrucken ließ, gaben mir Veranlassung, in weiterer Ausführung über Deutschland und seine geistige Entwickelung mich auszusprechen, und es entstand dadurch das Buch, das du, teurer Leser! jetzt in Händen hast. Ich wollte nicht bloß seinen Zweck, seine Tendenz, seine geheimste Absicht, sondern auch die Genesis des Buches hier offenbaren, damit jeder um so sicherer ermitteln könne, wieviel Glauben und Zutrauen meine Mitteilungen verdienen. Ich schrieb nicht im Genre der Frau von Staël, und wenn ich mich auch bestrebte, sowenig ennuyant wie möglich zu sein, so verzichtete ich doch im voraus auf alle Effekte des Stiles und der Phrase, die man bei Frau von Staël, dem größten Autor Frankreichs während dem Empire, in so hohem Grade antrifft. Ja, die Verfasserin der »Corinne« überragt nach meinem Bedünken alle ihre Zeitgenossen, und ich kann das sprühende Feuerwerk ihrer Darstellung nicht genug bewundern; aber dieses Feuerwerk läßt leider eine übelriechende Dunkelheit zurück, und wir müssen eingestehen, ihr Genie ist nicht so geschlechtslos, wie nach der frühern Behauptung der Frau von Staël das Genie sein soll; ihr Genie ist ein Weib, besitzt alle Gebrechen und Launen des Weibes, und es war meine Pflicht als Mann, dem glänzenden Cancan dieses Genies zu widersprechen. Es war um so notwendiger, da die Mitteilungen in ihrem Buch »De l'Allemagne« sich auf Gegenstände bezogen, die den Franzosen unbekannt waren und den Reiz der Neuheit besaßen, z.B. alles, was Bezug hat auf deutsche Philosophie und romantische Schule. Ich glaube in meinem Buche absonderlich über erstere die ehrlichste Auskunft erteilt zu haben, und die Zeit hat bestätigt, was damals, als ich es vorbrachte, unerhört und unbegreiflich schien.

Ja, was die deutsche Philosophie betrifft, so hatte ich unumwunden das Schulgeheimnis ausgeplaudert, das, eingewickelt in scholastische Formeln, nur den Eingeweihten der ersten Klasse bekannt war. Meine Offenbarungen erregten hierzulande die größte Verwunderung, und ich erinnere mich, daß sehr bedeutende französische Denker mir naiv gestanden, sie hätten immer geglaubt, die deutsche Philosophie sei ein gewisser mystischer Nebel, worin sich die Gottheit wie in einer heiligen Wolkenburg verborgen halte, und die deutschen Philosophen seien ekstatische Seher, die nur Frömmigkeit und Gottesfurcht atmen. Es ist nicht meine Schuld, daß dieses nie der Fall gewesen, daß die deutsche Philosophie just das Gegenteil ist von dem, was wir bisher Frömmigkeit und Gottesfurcht nannten, und daß unsre modernsten Philosophen den vollständigsten Atheismus als das letzte Wort unsrer deutschen Philosophie proklamierten. Sie rissen schonungslos und mit bacchantischer Lebenslust den blauen Vorhang vom deutschen Himmel und riefen: »Sehet, alle Gottheiten sind entflohen, und dort oben sitzt nur noch eine alte Jungfer mit bleiernen Händen und traurigem Herzen: die Notwendigkeit.«

Ach! was damals so befremdlich klang, wird jetzt jenseits des Rheins auf allen Dächern gepredigt, und der fanatische Eifer mancher dieser Prädikanten ist entsetzlich! Wir haben jetzt fanatische Mönche des Atheismus, Großinquisitoren des Unglaubens, die den Herrn von Voltaire verbrennen lassen würden, weil er doch im Herzen ein verstockter Deist gewesen. Solange solche Doktrinen noch Geheimgut einer Aristokratie von Geistreichen blieben und in einer vornehmen Koteriesprache besprochen wurden, welche den Bedienten, die aufwartend hinter uns standen, während wir bei unsern philosophischen Petitssoupers blasphemierten, unverständlich war – so lange gehörte auch ich zu den leichtsinnigen Esprits forts, wovon die meisten jenen liberalen Grandseigneurs glichen, die kurz vor der Revolution mit den neuen Umsturzideen die Langeweile ihres müßigen Hoflebens zu verscheuchen suchten. Als ich aber merkte, daß die rohe Plebs, der Jan Hagel, ebenfalls dieselben Themata zu diskutieren begann in seinen schmutzigen Symposien, wo statt der Wachskerzen und Girandolen nur Talglichter und Tranlampen leuchteten, als ich sah, daß Schmierlappen von Schuster- und Schneidergesellen in ihrer plumpen Herbergsprache die Existenz Gottes zu leugnen sich unterfingen – als der Atheismus anfing, sehr stark nach Käse, Branntwein und Tabak zu stinken: da gingen mir plötzlich die Augen auf, und was ich nicht durch meinen Verstand begriffen hatte, das begriff ich jetzt durch den Geruchssinn, durch das Mißbehagen des Ekels, und mit meinem Atheismus hatte es, gottlob! ein Ende.

Um die Wahrheit zu sagen, es mochte nicht bloß der Ekel sein, was mir die Grundsätze der Gottlosen verleidete und meinen Rücktritt veranlaßte. Es war hier auch eine gewisse weltliche Besorgnis im Spiel, die ich nicht überwinden konnte; ich sah nämlich, daß der Atheismus ein mehr oder minder geheimes Bündnis geschlossen mit dem schauderhaft nacktesten, ganz feigenblattlosen, kommunen Kommunismus. Meine Scheu vor dem letztern hat wahrlich nichts gemein mit der Furcht des Glückspilzes, der für seine Kapitalien zittert, oder mit dem Verdruß der wohlhabenden Gewerbsleute, die in ihren Ausbeutungsgeschäften gehemmt zu werden fürchten: nein, mich beklemmt vielmehr die geheime Angst des Künstlers und des Gelehrten, die wir unsre ganze moderne Zivilisation, die mühselige Errungenschaft so vieler Jahrhunderte, die Frucht der edelsten Arbeiten unsrer Vorgänger, durch den Sieg des Kommunismus bedroht sehen. Fortgerissen von der Strömung großmütiger Gesinnung, mögen wir immerhin die Interessen der Kunst und Wissenschaft, ja alle unsre Partikularinteressen dem Gesamtinteresse des leidenden und unterdrückten Volkes aufopfern; aber wir können uns nimmermehr verhehlen, wessen wir uns zu gewärtigen haben, sobald die große rohe Masse, welche die einen das Volk, die andern den Pöbel nennen und deren legitime Souveränetät bereits längst proklamiert worden, zur wirklichen Herrschaft käme. Ganz besonders empfindet der Dichter ein unheimliches Grauen vor dem Regierungsantritt dieses täppischen Souveräns. Wir wollen gern für das Volk uns opfern, denn Selbstaufopferung gehört zu unsern raffiniertesten Genüssen – die Emanzipation des Volkes war die große Aufgabe unseres Lebens, und wir haben dafür gerungen und namenloses Elend ertragen, in der Heimat wie im Exile –, aber die reinliche, sensitive Natur des Dichters sträubt sich gegen jede persönlich nahe Berührung mit dem Volke, und noch mehr schrecken wir zusammen bei dem Gedanken an seine Liebkosungen, vor denen uns Gott bewahre! Ein großer Demokrat sagte einst: er würde, hätte ein König ihm die Hand gedrückt, sogleich seine Hand ins Feuer halten, um sie zu reinigen. Ich möchte in derselben Weise sagen: ich würde meine Hand waschen, wenn mich das souveräne Volk mit seinem Händedruck beehrt hätte.

O das Volk, dieser arme König in Lumpen, hat Schmeichler gefunden, die viel schamloser als die Höflinge von Byzanz und Versailles ihm ihren Weihrauchkessel an den Kopf schlugen. Diese Hoflakaien des Volkes rühmen beständig seine Vortrefflichkeiten und Tugenden und rufen begeistert: »Wie schön ist das Volk! wie gut ist das Volk! wie intelligent ist das Volk!« – Nein, ihr lügt. Das arme Volk ist nicht schön; im Gegenteil, es ist sehr häßlich. Aber diese Häßlichkeit entstand durch den Schmutz und wird mit demselben schwinden, sobald wir öffentliche Bäder erbauen, wo Seine Majestät das Volk sich unentgeltlich baden kann. Ein Stückchen Seife könnte dabei nicht schaden, und wir werden dann ein Volk sehen, das hübsch propre ist, ein Volk, das sich gewaschen hat. Das Volk, dessen Güte so sehr gepriesen wird, ist gar nicht gut; es ist manchmal so böse wie einige andere Potentaten. Aber seine Bosheit kommt vom Hunger; wir müssen sorgen, daß das souveräne Volk immer zu essen habe; sobald allerhöchst dasselbe gehörig gefüttert und gesättigt sein mag, wird es euch auch huldvoll und gnädig anlächeln, ganz wie die andern. Seine Majestät das Volk ist ebenfalls nicht sehr intelligent; es ist vielleicht dümmer als die andern, es ist fast so bestialisch dumm wie seine Günstlinge. Liebe und Vertrauen schenkt es nur denjenigen, die den Jargon seiner Leidenschaft reden oder heulen, während es jeden braven Mann haßt, der die Sprache der Vernunft mit ihm spricht, um es zu erleuchten und zu veredeln. So ist es in Paris, so war es in Jerusalem. Laßt dem Volk die Wahl zwischen dem Gerechtesten der Gerechten und dem scheußlichsten Straßenräuber, seid sicher, es ruft: »Wir wollen den Barnabas! Es lebe der Barnabas!« – Der Grund dieser Verkehrtheit ist die Unwissenheit; dieses Nationalübel müssen wir zu tilgen suchen durch öffentliche Schulen für das Volk, wo ihm der Unterricht auch mit den dazugehörigen Butterbröten und sonstigen Nahrungsmitteln unentgeltlich erteilt werde. – Und wenn jeder im Volke in den Stand gesetzt ist, sich alle beliebigen Kenntnisse zu erwerben, werdet ihr bald auch ein intelligentes Volk sehen. – Vielleicht wird dasselbe am Ende noch so gebildet, so geistreich, so witzig sein, wie wir es sind, nämlich wie ich und du, mein teurer Leser, und wir bekommen bald noch andre gelehrte Friseure, welche Verse machen, wie Monsieur Jasmin zu Toulouse, und noch viele andre philosophische Flickschneider, welche ernsthafte Bücher schreiben, wie unser Landsmann, der famose Weitling.

Bei dem Namen dieses famosen Weitling taucht mir plötzlich mit all ihrem komischen Ernste die Szene meines ersten und letzten Zusammentreffens mit dem damaligen Tageshelden wieder im Gedächtnis herauf. Der liebe Gott, der von der Höhe seiner Himmelsburg alles sieht, lachte wohl herzlich über die saure Miene, die ich geschnitten haben muß, als mir in dem Buchladen meines Freundes Campe zu Hamburg der berühmte Schneidergesell entgegentrat und sich als einen Kollegen ankündigte, der sich zu denselben revolutionären und atheistischen Doktrinen bekenne. Ich hätte wirklich in diesem Augenblick gewünscht, daß der liebe Gott gar nicht existiert haben möchte, damit er nur nicht die Verlegenheit und Beschämung sähe, worin mich eine solche saubre Genossenschaft versetzte! Der liebe Gott hat mir gewiß alle meine alten Frevel von Herzen verziehen, wenn er die Demütigung in Anschlag brachte, die ich bei jenem Handwerksgruß des ungläubigen Knotentums, bei jenem kollegialischen Zusammentreffen mit Weitling empfand. Was meinen Stolz am meisten verletzte, war der gänzliche Mangel an Respekt, den der Bursche an den Tag legte, während er mit mir sprach. Er behielt die Mütze auf dem Kopf, und während ich vor ihm stand, saß er auf einer kleinen Holzbank, mit der einen Hand sein zusammengezogenes rechtes Bein in die Höhe haltend, so daß er mit dem Knie fast sein Kinn berührte; mit der andern Hand rieb er beständig dieses Bein oberhalb der Fußknöchel. Diese unehrerbietige Positur hatte ich anfangs den kauernden Handwerksgewöhnungen des Mannes zugeschrieben, doch er belehrte mich eines Bessern, als ich ihn befrug, warum er beständig in erwähnter Weise sein Bein riebe. Er sagte mir nämlich im unbefangen gleichgültigsten Tone, als handle es sich von einer Sache, die ganz natürlich, daß er in den verschiedenen deutschen Gefängnissen, worin er gesessen, gewöhnlich mit Ketten belastet worden sei; und da manchmal der eiserne Ring, welcher das Bein anschloß, etwas zu eng gewesen, habe er an jener Stelle eine juckende Empfindung bewahrt, die ihn zuweilen veranlasse, sich dort zu reiben. Bei diesem naiven Geständnis muß der Schreiber dieser Blätter ungefähr so ausgesehen haben wie der Wolf in der Äsopischen Fabel, als er seinen Freund, den Hund, befragt hatte, warum das Fell an seinem Halse so abgescheuert sei, und dieser zur Antwort gab: »Des Nachts legt man mich an die Kette.« – Ja, ich gestehe, ich wich einige Schritte zurück, als der Schneider solchermaßen mit seiner widerwärtigen Familiarität von den Ketten sprach, womit ihn die deutschen Schließer zuweilen belästigten, wenn er im Loch saß – »Loch! Schließer! Ketten!« lauter fatale Koterieworte einer geschlossenen Gesellschaft, womit man mir eine schreckliche Vertrautheit zumutete. Und es war hier nicht die Rede von jenen metaphorischen Ketten, die jetzt die ganze Welt trägt, die man mit dem größten Anstand tragen kann und die sogar bei Leuten von gutem Tone in die Mode gekommen – nein, bei den Mitgliedern jener geschlossenen Gesellschaft sind Ketten gemeint in ihrer eisernsten Bedeutung, Ketten, die man mit einem eisernen Ring ans Bein befestigt – und ich wich einige Schritte zurück, als der Schneider Weitling von solchen Ketten sprach. Nicht etwa die Furcht vor dem Sprichwort »Mitgefangen, mitgehangen!«, nein, mich schreckte vielmehr das Nebeneinandergehenktwerden.

Dieser Weitling, der jetzt verschollen, war übrigens ein Mensch von Talent; es fehlte ihm nicht an Gedanken, und sein Buch, betitelt »Die Garantien der Gesellschaft«, war lange Zeit der Katechismus der deutschen Kommunisten. Die Anzahl dieser letztern hat sich in Deutschland während der letzten Jahre ungeheuer vermehrt, und diese Partei ist zu dieser Stunde unstreitig eine der mächtigsten jenseits des Rheines. Die Handwerker bilden den Kern einer Unglaubensarmee, die vielleicht nicht sonderlich diszipliniert, aber in doktrineller Beziehung ganz vorzüglich einexerziert ist. Diese deutschen Handwerker bekennen sich größtenteils zum krassesten Atheismus, und sie sind gleichsam verdammt, dieser trostlosen Negation zu huldigen, wenn sie nicht in einen Widerspruch mit ihrem Prinzip und somit in völlige Ohnmacht verfallen wollen. Diese Kohorten der Zerstörung, diese Sappeure, deren Axt das ganze gesellschaftliche Gebäude bedroht, sind den Gleichmachern und Umwälzern in andern Ländern unendlich überlegen, wegen der schrecklichen Konsequenz ihrer Doktrin; denn in dem Wahnsinn, der sie antreibt, ist, wie Polonius sagen würde, Methode.

Das Verdienst, jene grauenhaften Erscheinungen, welche erst später eintrafen, in meinem Buche »De l'Allemagne« lange vorausgesagt zu haben, ist nicht von großem Belange. Ich konnte leicht prophezeien, welche Lieder einst in Deutschland gepfiffen und gezwitschert werden dürften, denn ich sah die Vögel ausbrüten, welche später die neuen Sangesweisen anstimmten. Ich sah, wie Hegel mit seinem fast komisch ernsthaften Gesichte als Bruthenne auf den fatalen Eiern saß, und ich hörte sein Gackern. Ehrlich gesagt, selten verstand ich ihn, und erst durch späteres Nachdenken gelangte ich zum Verständnis seiner Worte. Ich glaube, er wollte gar nicht verstanden sein, und daher sein verklausulierter Vortrag, daher vielleicht auch seine Vorliebe für Personen, von denen er wußte, daß sie ihn nicht verständen, und denen er um so bereitwilliger die Ehre seines nähern Umgangs gönnte. So wunderte sich jeder in Berlin über den intimen Verkehr des tiefsinnigen Hegel mit dem verstorbenen Heinrich Beer, einem Bruder des durch seinen Ruhm allgemein bekannten und von den geistreichsten Journalisten gefeierten Giacomo Meyerbeer. Jener Beer, nämlich der Heinrich, war ein schier unkluger Gesell, der auch wirklich späterhin von seiner Familie für blödsinnig erklärt und unter Kuratel gesetzt wurde, weil er, anstatt sich durch sein großes Vermögen einen Namen zu machen in der Kunst oder Wissenschaft, vielmehr für läppische Schnurrpfeifereien seinen Reichtum vergeudete und z.B. eines Tags für sechstausend Taler Spazierstöcke gekauft hatte. Dieser arme Mensch, der weder für einen großen Tragödiendichter noch für einen großen Sterngucker oder für ein lorbeerbekränztes musikalisches Genie, einen Nebenbuhler von Mozart und Rossini, gelten wollte und lieber sein Geld für Spazierstöcke ausgab – dieser aus der Art geschlagene Beer genoß den vertrautesten Umgang Hegels, er war der Intimus des Philosophen, sein Pylades, und begleitete ihn überall wie sein Schatten. Der ebenso witzige wie talentbegabte Felix Mendelssohn suchte einst dieses Phänomen zu erklären, indem er behauptete: Hegel verstände den Heinrich Beer nicht. Ich glaube aber jetzt, der wirkliche Grund jenes intimen Umgangs bestand darin, daß Hegel überzeugt war, Heinrich Beer verstände nichts von allem, was er ihn reden höre, und er konnte daher in seiner Gegenwart sich ungeniert allen Geistesergießungen des Moments überlassen. Überhaupt war das Gespräch von Hegel immer eine Art von Monolog, stoßweis hervorgeseufzt mit klangloser Stimme; das Barocke der Ausdrücke frappierte mich oft, und von letztern blieben mir viele im Gedächtnis. Eines schönen hellgestirnten Abends standen wir beide nebeneinander am Fenster, und ich, ein zweiundzwanzigjähriger junger Mensch, ich hatte eben gut gegessen und Kaffee getrunken, und ich sprach mit Schwärmerei von den Sternen und nannte sie den Aufenthalt der Seligen. Der Meister aber brümmelte vor sich hin: »Die Sterne, hum! hum! die Sterne sind nur ein leuchtender Aussatz am Himmel.« – »Um Gottes willen« – rief ich –, »es gibt also droben kein glückliches Lokal, um dort die Tugend nach dem Tode zu belohnen?« Jener aber, indem er mich mit seinen bleichen Augen stier ansah, sagte schneidend: »Sie wollen also noch ein Trinkgeld dafür haben, daß Sie Ihre kranke Mutter gepflegt und Ihren Herrn Bruder nicht vergiftet haben?« – Bei diesen Worten sah er sich ängstlich um, doch er schien gleich wieder beruhigt, als er bemerkte, daß nur Heinrich Beer herangetreten war, um ihn zu einer Partie Whist einzuladen.

Wie schwer das Verständnis der Hegelschen Schriften ist, wie leicht man sich hier täuschen kann und zu verstehen glaubt, während man nur dialektische Formeln nachzukonstruieren gelernt, das merkte ich erst viele Jahre später hier in Paris, als ich mich damit beschäftigte, aus dem abstrakten Schulidiom jene Formeln in die Muttersprache des gesunden Verstandes und der allgemeinen Verständlichkeit, ins Französische, zu übersetzen. Hier muß der Dolmetsch bestimmt wissen, was er zu sagen hat, und der verschämteste Begriff ist gezwungen, die mystischen Gewänder fallenzulassen und sich in seiner Nacktheit zu zeigen. Ich hatte nämlich den Vorsatz gefaßt, eine allgemeinverständliche Darstellung der ganzen Hegelschen Philosophie zu verfassen, um sie einer neuern Ausgabe meines Buches »De l'Allemagne« als Ergänzung desselben einzuverleiben. Ich beschäftigte mich während zwei Jahren mit dieser Arbeit, und es gelang mir nur mit Not und Anstrengung, den spröden Stoff zu bewältigen und die abstraktesten Partien so populär als möglich vorzutragen. Doch als das Werk endlich fertig war, erfaßte mich bei seinem Anblick ein unheimliches Grauen, und es kam mir vor, als ob das Manuskript mich mit fremden, ironischen, ja boshaften Augen ansähe. Ich war in eine sonderbare Verlegenheit geraten: Autor und Schrift paßten nicht mehr zusammen. Es hatte sich nämlich um jene Zeit der obenerwähnte Widerwille gegen den Atheismus schon meines Gemütes bemeistert, und da ich mir gestehen mußte, daß allen diesen Gottlosigkeiten die Hegelsche Philosophie den furchtbarsten Vorschub geleistet, ward sie mir äußerst unbehaglich und fatal. Ich empfand überhaupt nie eine allzu große Begeisterung für diese Philosophie, und von Überzeugung konnte in bezug auf dieselbe gar nicht die Rede sein. Ich war nie abstrakter Denker, und ich nahm die Synthese der Hegelschen Doktrin ungeprüft an, da ihre Folgerungen meiner Eitelkeit schmeichelten. Ich war jung und stolz, und es tat meinem Hochmut wohl, als ich von Hegel erfuhr, daß nicht, wie meine Großmutter meinte, der liebe Gott, der im Himmel residiert, sondern ich selbst hier auf Erden der liebe Gott sei. Dieser törichte Stolz übte keineswegs einen verderblichen Einfluß auf meine Gefühle, die er vielmehr bis zum Heroismus steigerte; und ich machte damals einen solchen Aufwand von Großmut und Selbstaufopferung, daß ich dadurch die brillantesten Hochtaten jener guten Spießbürger der Tugend, die nur aus Pflichtgefühl handelten und nur den Gesetzen der Moral gehorchten, gewiß außerordentlich verdunkelte. War ich doch selber jetzt das lebende Gesetz der Moral und der Quell alles Rechtes und aller Befugnis. Ich war die Ursittlichkeit, ich war unsündbar, ich war die inkarnierte Reinheit; die anrüchigsten Magdalenen wurden purifiziert durch die läuternde und sühnende Macht meiner Liebesflammen, und fleckenlos wie Lilien und errötend wie keusche Rosen, mit einer ganz neuen Jungfräulichkeit, gingen sie hervor aus den Umarmungen des Gottes. Diese Restaurationen beschädigter Magdtümer, ich gestehe es, erschöpften zuweilen meine Kräfte. Aber ich gab, ohne zu feilschen, und unerschöpflich war der Born meiner Barmherzigkeit. Ich war ganz Liebe und war ganz frei von Haß. Ich rächte mich auch nicht mehr an meinen Feinden, da ich im Grunde keinen Feind mehr hatte oder vielmehr niemand als solchen anerkannte: für mich gab es jetzt nur noch Ungläubige, die an meiner Göttlichkeit zweifelten – Jede Unbill, die sie mir antaten, war ein Sakrilegium, und ihre Schmähungen waren Blasphemien. Solche Gottlosigkeiten konnte ich freilich nicht immer ungeahndet lassen, aber alsdann war es nicht eine menschliche Rache, sondern die Strafe Gottes, die den Sünder traf. Bei dieser höhern Gerechtigkeitspflege unterdrückte ich zuweilen mit mehr oder weniger Mühe alles gemeine Mitleid. Wie ich keine Feinde besaß, so gab es für mich auch keine Freunde, sondern nur Gläubige, die an meine Herrlichkeit glaubten, die mich anbeteten, auch meine Werke lobten, sowohl die versifizierten wie die, welche ich in Prosa geschaffen, und dieser Gemeinde von wahrhaft Frommen und Andächtigen tat ich sehr viel Gutes, zumal den jungen Devotinnen.

Aber die Repräsentationskosten eines Gottes, der sich nicht lumpen lassen will und weder Leib noch Börse schont, sind ungeheuer; um eine solche Rolle mit Anstand zu spielen, sind besonders zwei Dinge unentbehrlich: viel Geld und viel Gesundheit. Leider geschah es, daß eines Tages – im Februar 1848 – diese beiden Requisiten mir abhanden kamen, und meine Göttlichkeit geriet dadurch sehr in Stocken. Zum Glück war das verehrungswürdige Publikum in jener Zeit mit so großen, unerhörten, fabelhaften Schauspielen beschäftigt, daß dasselbe die Veränderung, die damals mit meiner kleinen Person vorging, nicht besonders bemerken mochte. Ja, sie waren unerhört und fabelhaft, die Ereignisse in jenen tollen Februartagen, wo die Weisheit der Klügsten zuschanden gemacht und die Auserwählten des Blödsinns aufs Schild gehoben wurden. Die Letzten wurden die Ersten, das Unterste kam zuoberst, sowohl die Dinge wie die Gedanken waren umgestürzt, es war wirklich die verkehrte Welt. – Wäre ich in dieser unsinnigen, auf den Kopf gestellten Zeit ein vernünftiger Mensch gewesen, so hätte ich gewiß durch jene Ereignisse meinen Verstand verloren, aber verrückt, wie ich damals war, mußte das Gegenteil geschehen, und sonderbar! just in den Tagen des allgemeinen Wahnsinns kam ich selber wieder zur Vernunft! Gleich vielen anderen heruntergekommenen Göttern jener Umsturzperiode mußte auch ich kümmerlich abdanken und in den menschlichen Privatstand wieder zurücktreten. Das war auch das Gescheiteste, das ich tun konnte. Ich kehrte zurück in die niedre Hürde der Gottesgeschöpfe, und ich huldigte wieder der Allmacht eines höchsten Wesens, das den Geschicken dieser Welt vorsteht und das auch hinfüro meine eignen irdischen Angelegenheiten leiten sollte. Letztere waren während der Zeit, wo ich meine eigne Vorsehung war, in bedenkliche Verwirrung geraten, und ich war froh, sie gleichsam einem himmlischen Intendanten zu übertragen, der sie mit seiner Allwissenheit wirklich viel besser besorgt. Die Existenz eines Gottes war seitdem für mich nicht bloß ein Quell des Heils, sondern sie überhob mich auch aller jener quälerischen Rechnungsgeschäfte, die mir so verhaßt, und ich verdanke ihr die größten Ersparnisse. Wie für mich, brauche ich jetzt auch nicht mehr für andre zu sorgen, und seit ich zu den Frommen gehöre, gebe ich fast gar nichts mehr aus für Unterstützung von Hülfsbedürftigen; – ich bin zu bescheiden, als daß ich der göttlichen Fürsehung wie ehemals ins Handwerk pfuschen sollte, ich bin kein Gemeindeversorger mehr, kein Nachäffer Gottes, und meinen ehemaligen Klienten habe ich mit frommer Demut angezeigt, daß ich nur ein armseliges Menschengeschöpf bin, eine seufzende Kreatur, die mit der Weltregierung nichts mehr zu schaffen hat, und daß sie sich hinfüro in Not und Trübsal an den Herrgott wenden müßten, der im Himmel wohnt und dessen Budget ebenso unermeßlich wie seine Güte ist, während ich armer Exgott sogar in meinen göttlichsten Tagen, um meinen Wohltätigkeitsgelüsten zu genügen, sehr oft den Teufel an dem Schwanz ziehen mußte.

»Tirer le diable par la queue« ist in der Tat einer der glücklichsten Ausdrücke der französischen Sprache, aber die Sache selbst war höchst demütigend für einen Gott. Ja, ich bin froh, meiner angemaßten Glorie entledigt zu sein, und kein Philosoph wird mir jemals wieder einreden, daß ich ein Gott sei! Ich bin nur ein armer Mensch, der obendrein nicht mehr ganz gesund und sogar sehr krank ist. In diesem Zustand ist es eine wahre Wohltat für mich, daß es jemand im Himmel gibt, dem ich beständig die Litanei meiner Leiden vorwimmern kann, besonders nach Mitternacht, wenn Mathilde sich zur Ruhe begeben, die sie oft sehr nötig hat. Gottlob! in solchen Stunden bin ich nicht allein, und ich kann beten und flennen, soviel ich will und ohne mich zu genieren, und ich kann ganz mein Herz ausschütten vor dem Allerhöchsten und ihm manches vertrauen, was wir sogar unsrer eignen Frau zu verschweigen pflegen.

Nach obigen Geständnissen wird der geneigte Leser leichtlich begreifen, warum mir meine Arbeit über die Hegelsche Philosophie nicht mehr behagte. Ich sah gründlich ein, daß der Druck derselben weder den Publikum noch dem Autor heilsam sein konnte; ich sah ein, daß die magersten Spittelsuppen der christlichen Barmherzigkeit für die verschmachtende Menschheit noch immer erquicklicher sein dürften als das gekochte graue Spinnweb der Hegelschen Dialektik; – ja ich will alles gestehen, ich bekam auf einmal eine große Furcht vor den ewigen Flammen – es ist freilich ein Aberglaube, aber ich hatte Furcht –, und an einem stillen Winterabend, als eben in meinem Kamin ein starkes Feuer brannte, benutzte ich die schöne Gelegenheit, und ich warf mein Manuskript über die Hegelsche Philosophie in die lodernde Glut; die brennenden Blätter flogen hinauf in den Schlot mit einem sonderbaren kichernden Geknister.

Gottlob, ich war sie los! Ach, könnte ich doch alles, was ich einst über die deutsche Philosophie drucken ließ, in derselben Weise vernichten! Aber das ist unmöglich, und da ich nicht einmal den Wiederabdruck bereits vergriffener Bücher verhindern kann, wie ich jüngst betrübsamlichst erfahren, so bleibt mir nichts übrig, als öffentlich zu gestehen, daß meine Darstellung der deutschen philosophischen Systeme, also fürnehmlich die ersten drei Abteilungen meines Buches »De l'Allemagne«, die sündhaftesten Irrtümer enthalten. Ich hatte die genannten drei Partien in einer deutschen Version als ein besonderes Buch drucken lassen, und da die letzte Ausgabe des selben vergriffen war und mein Buchhändler das Recht besaß, eine neue Ausgabe zu veröffentlichen, so versah ich das Buch mit einer Vorrede, woraus ich eine Stelle hier mitteile, die mich des traurigen Geschäftes überhebt, in bezug auf die erwähnten drei Partien der »Allemagne« mich besonders auszusprechen. Sie lautet wie folgt: »Ehrlich gestanden, es wäre mir lieb, wenn ich das Buch ganz ungedruckt lassen könnte. Es haben sich nämlich seit dem Erscheinen desselben meine Ansichten über manche Dinge, besonders über göttliche Dinge, bedenklich geändert, und manches, was ich behauptete, widerspricht jetzt meiner bessern Überzeugung. Aber der Pfeil gehört nicht mehr dem Schützen, sobald er von der Sehne des Bogens fortfliegt, und das Wort gehört nicht mehr dem Sprecher, sobald es seiner Lippe entsprungen und gar durch die Presse vervielfältigt worden. Außerdem würden fremde Befugnisse mir mit zwingendem Einspruch entgegentreten, wenn ich dieses Buch ungedruckt ließe und meinen Gesamtwerken entzöge. Ich könnte zwar, wie manche Schriftsteller in solchen Fällen tun, zu einer Milderung der Ausdrücke, zu Verhüllungen durch Phrase meine Zuflucht nehmen; aber ich hasse im Grund meiner

Seele die zweideutigen Worte, die heuchlerischen Blumen, die feigen Feigenblätter. Einem ehrlichen Manne bleibt aber unter allen Umständen das unveräußerliche Recht, seinen Irrtum offen zu gestehen, und ich will es ohne Scheu hier ausüben. Ich bekenne daher unumwunden, daß alles, was in diesem Buche namentlich auf die große Gottesfrage Bezug hat, ebenso falsch wie unbesonnen ist. Ebenso unbesonnen wie falsch ist die Behauptung, die ich der Schule nachsprach, daß der Deismus in der Theorie zugrunde gerichtet sei und sich nur noch in der Erscheinungswelt kümmerlich hinfriste. Nein, es ist nicht wahr, daß die Vernunftkritik, welche die Beweistümer für das Dasein Gottes, wie wir dieselben seit Anselm von Canterbury kennen, zernichtet hat, auch dem Dasein Gottes selber ein Ende gemacht habe. Der Deismus lebt, lebt sein lebendigstes Leben, er ist nicht tot, und am allerwenigsten hat ihn die neueste deutsche Philosophie getötet. Diese spinnwebige Berliner Dialektik kann keinen Hund aus dem Ofenloch locken, sie kann keine Katze töten, wieviel weniger einen Gott. Ich habe es am eignen Leibe erprobt, wie wenig gefährlich ihr Umbringen ist; sie bringt immer um, und die Leute bleiben dabei am Leben. Der Türhüter der Hegelschen Schule, der grimme Ruge, behauptete einst steif und fest oder vielmehr fest und steif, daß er mich mit seinem Portierstock in den ›Hallischen Jahrbüchern‹ totgeschlagen habe, und doch zur selben Zeit ging ich umher auf den Boulevards von Paris, frisch und gesund und unsterblicher als je. Der arme, brave Ruge! er selber konnte sich später nicht des ehrlichsten Lachens enthalten, als ich ihm hier in Paris das Geständnis machte, daß ich die fürchterlichen Totschlagblätter, die ›Hallischen Jahrbücher‹, nie zu Gesicht bekommen hatte, und sowohl meine vollen roten Backen als auch der gute Appetit, womit ich Austern schluckte, überzeugten ihn, wie wenig mir der Name einer Leiche gebührte. In der Tat, ich war damals noch gesund und feist, ich stand im Zenit meines Fettes und war so übermütig wie der König Nebukadnezar vor seinem Sturze.

Ach! einige Jahre später ist eine leibliche und geistige Veränderung eingetreten. Wie oft seitdem denke ich an die Geschichte dieses babylonischen Königs, der sich selbst für den lieben Gott hielt, aber von der Höhe seines Dünkels erbärmlich herabstürzte, wie ein Tier am Boden kroch und Gras aß – (es wird wohl Salat gewesen sein). In dem prachtvoll grandiosen Buch Daniel steht diese Legende, die ich nicht bloß dem guten Ruge, sondern auch meinem noch viel verstocktern Freunde Marx, ja auch den Herren Feuerbach, Daumer, Bruno Bauer, Hengstenberg, und wie sie sonst heißen mögen, diese gottlosen Selbstgötter, zur erbaulichen Beherzigung empfehle. Es stehen überhaupt noch viel schöne und merkwürdige Erzählungen in der Bibel, die ihrer Beachtung wert wären, z.B. gleich im Anfang die Geschichte von dem verbotenen Baume im Paradiese und von der Schlange, der kleinen Privatdozentin, die schon sechstausend Jahre vor Hegels Geburt die ganze Hegelsche Philosophie vortrug. Dieser Blaustrumpf ohne Füße zeigt sehr scharfsinnig, wie das Absolute in der Identität von Sein und Wissen besteht, wie der Mensch zum Gotte werde durch die Erkenntnis oder, was dasselbe ist, wie Gott im Menschen zum Bewußtsein seiner selbst gelange. – Diese Formel ist nicht so klar wie die ursprünglichen Worte: ›Wenn ihr vom Baume der Erkenntnis genossen, werdet ihr wie Gott sein!‹ Frau Eva verstand von der ganzen Demonstration nur das eine, daß die Frucht verboten sei, und weil sie verboten, aß sie davon, die gute Frau. Aber kaum hatte sie von dem lockenden Apfel gegessen, so verlor sie ihre Unschuld, ihre naive Unmittelbarkeit, sie fand, daß sie viel zu nackend sei für eine Person von ihrem Stande, die Stammutter so vieler künftigen Kaiser und Könige, und sie verlangte ein Kleid. Freilich nur ein Kleid von Feigenblättern, weil damals noch keine Lyoner Seidenfabrikanten geboren waren und weil es auch im Paradiese noch keine Putzmacherinnen und Modehändlerinnen gab – o Paradies! Sonderbar, sowie das Weib zum denkenden Selbstbewußtsein kommt, ist ihr erster Gedanke ein neues Kleid! Auch diese biblische Geschichte, zumal die Rede der Schlange, kommt mir nicht aus dem Sinn, und ich möchte sie als Motto diesem Buche voransetzen, in derselben Weise, wie man oft vor fürstlichen Gärten eine Tafel sieht mit der warnenden Aufschrift: ›Hier liegen Fußangeln und Selbstschüsse‹.«

133   Nach der Stelle, welche ich hier zitiert, folgen Geständnisse über den Einfluß, den die Lektüre der Bibel auf meine spätere Geistesevolution ausübte. Die Wiedererweckung meines religiösen Gefühls verdanke ich jenem heiligen Buche, und dasselbe ward für mich ebensosehr eine Quelle des Heils als ein Gegenstand der frömmigsten Bewunderung. Sonderbar! Nachdem ich mein ganzes Leben hindurch mich auf allen Tanzböden der Philosophie herumgetrieben, allen Orgien des Geistes

mich hingegeben, mit allen möglichen Systemen gebuhlt, ohne befriedigt worden zu sein, wie Messaline nach einer lüderlichen Nacht – jetzt befinde ich mich plötzlich auf demselben Standpunkt, worauf auch der Onkel Tom steht, auf dem der Bibel, und ich knie neben dem schwarzen Betbruder nieder in derselben Andacht –

Welche Demütigung! mit all meiner Wissenschaft habe ich es nicht weiter gebracht als der arme unwissende Neger, der kaum buchstabieren gelernt! Der arme Tom scheint freilich in dem heiligen Buche noch tiefere Dinge zu sehen als ich, dem besonders die letzte Partie noch nicht ganz klar geworden. Tom versteht sie vielleicht besser, weil mehr Prügel darin vorkommen, nämlich jene unaufhörlichen Peitschenhiebe, die mich manchmal bei der Lektüre der Evangelien und der Apostelgeschichte sehr unästhetisch anwiderten. So ein armer Negersklave liest zugleich mit dem Rücken und begreift daher viel besser als wir. Dagegen glaube ich mir schmeicheln zu dürfen, daß mir der Charakter des Moses in der ersten Abteilung des heiligen Buches einleuchtender aufgegangen sei. Diese große Figur hat mir nicht wenig imponiert. Welche Riesengestalt! Ich kann mir nicht vorstellen, daß Ok, König von Basan, größer gewesen sei. Wie klein erscheint der Sinai, wenn der Moses darauf steht! Dieser Berg ist nur das Postament, worauf die Füße des Mannes stehen, dessen Haupt in den Himmel hineinragt, wo er mit Gott spricht – Gott verzeih mir die Sünde, manchmal wollte es mich bedünken, als sei dieser mosaische Gott nur der zurückgestrahlte Lichtglanz des Moses selbst, dem er so ähnlich sieht, ähnlich in Zorn und in Liebe – Es wäre eine große Sünde, es wäre Anthropomorphismus, wenn man eine solche Identität des Gottes und seines Propheten annähme – aber die Ähnlichkeit ist frappant.

Ich hatte Moses früher nicht sonderlich geliebt, wahrscheinlich, weil der hellenische Geist in mir vorwaltend war und ich dem Gesetzgeber der Juden seinen Haß gegen alle Bildlichkeit, gegen die Plastik, nicht verzeihte. Ich sah nicht, daß Moses, trotz seiner Befeindung der Kunst, dennoch selber ein großer Künstler war und den wahren Künstlergeist besaß. Nur war dieser Künstlergeist bei ihm, wie bei seinen ägyptischen Landsleuten, nur auf das Kolossale und Unverwüstliche gerichtet. Aber nicht wie die Ägypter formierte er seine Kunstwerke aus Backstein und Granit, sondern er baute Menschenpyramiden, er meißelte Menschenobelisken, er nahm einen armen Hirtenstamm und schuf daraus ein

Volk, das ebenfalls den Jahrhunderten trotzen sollte, ein großes, ewiges, heiliges Volk, ein Volk Gottes, das allen andern Völkern als Muster, ja der ganzen Menschheit als Prototyp dienen konnte: er schuf Israel! Mit größerm Rechte als der römische Dichter darf jener Künstler, der Sohn Amrams und der Hebamme Jochebed, sich rühmen, ein Monument errichtet zu haben, das alle Bildungen aus Erz überdauern wird!

Wie über den Werkmeister, hab ich auch über das Werk, die Juden, nie mit hinlänglicher Ehrfurcht gesprochen, und zwar gewiß wieder meines hellenischen Naturells wegen, dem der judäische Asketismus zuwider war. Meine Vorliebe für Hellas hat seitdem abgenommen. Ich sehe jetzt, die Griechen waren nur schöne Jünglinge, die Juden aber waren immer Männer, gewaltige, unbeugsame Männer, nicht bloß ehemals, sondern bis auf den heutigen Tag, trotz achtzehn Jahrhunderten der Verfolgung und des Elends. Ich habe sie seitdem besser würdigen gelernt, und wenn nicht jeder Geburtsstolz bei dem Kämpen der Revolution und ihrer demokratischen Prinzipien ein närrischer Widerspruch wäre, so könnte der Schreiber dieser Blätter stolz darauf sein, daß seine Ahnen dem edlen Hause Israel angehörten, daß er ein Abkömmling jener Märtyrer, die der Welt einen Gott und eine Moral gegeben und auf allen Schlachtfeldern des Gedankens gekämpft und gelitten haben.

Die Geschichte des Mittelalters und selbst der modernen Zeit hat selten in ihre Tagesberichte die Namen solcher Ritter des heiligen Geistes eingezeichnet, denn sie fochten gewöhnlich mit verschlossenem Visier. Ebensowenig die Taten der Juden wie ihr eigentliches Wesen sind der Welt bekannt. Man glaubt sie zu kennen, weil man ihre Bärte gesehen, aber mehr kam nie von ihnen zum Vorschein, und wie im Mittelalter sind sie auch noch in der modernen Zeit ein wandelndes Geheimnis. Es mag enthüllt werden an dem Tage, wovon der Prophet geweissagt, daß es alsdann nur noch einen Hirten und eine Herde geben wird und der Gerechte, der für das Heil der Menschheit geduldet, seine glorreiche Anerkennung empfängt.

Man sieht, ich, der ich ehemals den Homer zu zitieren pflegte, ich zitiere jetzt die Bibel, wie der Onkel Tom. In der Tat, ich verdanke ihr viel. Sie hat, wie ich oben gesagt, das religiöse Gefühl wieder in mir erweckt; und diese Wiedergeburt des religiösen Gefühls genügte dem Dichter, der vielleicht weit leichter als andre Sterbliche der positiven Glaubensdogmen entbehren kann. Er hat die Gnade, und seinem Geist erschließt sich die Symbolik des Himmels und der Erde; er bedarf dazu keines Kirchenschlüssels. Die törichtsten und widersprechendsten Gerüchte sind in dieser Beziehung über mich in Umlauf gekommen. Sehr fromme, aber nicht sehr gescheute Männer des protestantischen Deutschlands haben mich dringend befragt, ob ich dem lutherisch-evangelischen Bekenntnisse, zu welchem ich mich bisher nur in lauer, offizieller Weise bekannte, jetzt, wo ich krank und gläubig geworden, mit größerer Sympathie als zuvor zugetan sei. Nein, ihr lieben Freunde, es ist in dieser Beziehung keine Änderung mit mir vorgegangen, und wenn ich überhaupt dem evangelischen Glauben angehörig bleibe, so geschieht es, weil er mich auch jetzt durchaus nicht geniert, wie er mich früher nie allzusehr genierte. Freilich, ich gestehe es aufrichtig, als ich mich in Preußen und zumal in Berlin befand, hätte ich, wie manche meiner Freunde, mich gern von jedem kirchlichen Bande bestimmt losgesagt, wenn nicht die dortigen Behörden jedem, der sich zu keiner von den staatlich privilegierten positiven Religionen bekannte, den Aufenthalt in Preußen und zumal in Berlin verweigerten. Wie Henri IV einst lachend sagte: »Paris vaut bien une messe«, so konnte ich mit Fug sagen: »Berlin vaut bien un prêche«, und ich konnte mir, nach wie vor, das sehr aufgeklärte und von jedem Aberglauben filtrierte Christentum gefallen lassen, das man damals sogar ohne Gottheit Christi, wie Schildkrötensuppe ohne Schildkröte, in den Berliner Kirchen haben konnte. Zu jener Zeit war ich selbst noch ein Gott, und keine der positiven Religionen hatte mehr Wert für mich als die andere; ich konnte aus Courtoisie ihre Uniformen tragen, wie z.B. der russische Kaiser sich in einen preußischen Gardeoffizier verkleidet, wenn er dem König von Preußen die Ehre erzeigt, einer Revue in Potsdam beizuwohnen.

Jetzt, wo durch das Wiedererwachen des religiösen Gefühls, sowie auch durch meine körperlichen Leiden, mancherlei Veränderung in mir vorgegangen – entspricht jetzt die lutherische Glaubensuniform einigermaßen meinem innersten Gedanken? Inwieweit ist das offizielle Bekenntnis zur Wahrheit geworden? Solcher Frage will ich durch keine direkte Beantwortung beggnen, sie soll mir nur eine Gelegenheit bieten, die Verdienste zu beleuchten, die sich der Protestantismus, nach meiner jetzigen Einsicht, um das Heil der Welt erworben; und man mag danach ermessen, inwiefern ihm eine größere Sympathie von meiner Seite gewonnen ward.

Früherhin, wo die Philosophie ein überwiegendes Interesse für mich hatte, wußte ich den Protestantismus nur wegen der Verdienste zu schätzen, die er sich durch die Eroberung der Denkfreiheit erworben, die doch der Boden ist, auf welchem sich später Leibniz, Kant und Hegel bewegen konnten – Luther, der gewaltige Mann mit der Axt, mußte diesen Kriegern vorangehen und ihnen den Weg bahnen. In dieser Beziehung habe ich auch die Reformation als den Anfang der deutschen Philosophie gewürdigt und meine kampflustige Parteinahme für den Protestantismus justifiziert. Jetzt, in meinen spätern und reifern Tagen, wo das religiöse Gefühl wieder überwältigend in mir aufwogt und der gescheiterte Metaphysiker sich an die Bibel festklammert: jetzt würdige ich den Protestantismus ganz absonderlich ob der Verdienste, die er sich durch die Auffindung und Verbreitung des heiligen Buches erworben. Ich sage die Auffindung, denn die Juden, die dasselbe aus dem großen Brande des zweiten Tempels gerettet und es im Exile gleichsam wie ein portatives Vaterland mit sich herumschleppten, das ganze Mittelalter hindurch, sie hielten diesen Schatz sorgsam verborgen in ihrem Ghetto, wo die deutschen Gelehrten, Vorgänger und Beginner der Reformation, hinschlichen, um Hebräisch zu lernen, um den Schlüssel zu der Truhe zu gewinnen, welche den Schatz barg. Ein solcher Gelehrter war der fürtreffliche Reuchlinus, und die Feinde desselben, die Hoogstraeten u. Komp. in Köln, die man als blödsinnige Dunkelmänner darstellte, waren keineswegs so ganz dumme Tröpfe, sondern sie waren fernsichtige Inquisitoren, welche das Unheil, das die Bekanntschaft mit der Heiligen Schrift für die Kirche herbeiführen würde, wohl voraussahen: daher ihr Verfolgungseifer gegen alle hebräische Schriften, die sie ohne Ausnahme zu verbrennen rieten, während sie die Dolmetscher dieser heiligen Schriften, die Juden, durch den verhetzten Pöbel auszurotten suchten. Jetzt, wo die Motive jener Vorgänge aufgedeckt liegen, sieht man, wie jeder im Grunde recht hatte. Die Kölner Dunkelmänner glaubten das Seelenheil der Welt bedroht, und alle Mittel, sowohl Lüge als Mord, dünkten ihnen erlaubt, zumal in betreff der Juden. Das arme niedere Volk, die Kinder des Erbelends, haßte die Juden schon wegen ihrer aufgehäuften Schätze, und was heutzutage der Haß der Proletarier gegen die Reichen überhaupt genannt wird, hieß ehemals Haß gegen die Juden. In der Tat, da diese letztern, ausgeschlossen von jedem Grundbesitz und jedem Erwerb durch Handwerk, nur auf den

Handel und die Geldgeschäfte angewiesen waren, welche die Kirche für Rechtgläubige verpönte, so waren sie, die Juden, gesetzlich dazu verdammt, reich, gehaßt und ermordet zu werden. Solche Ermordungen freilich trugen in jenen Zeiten noch einen religiösen Deckmantel, und es hieß, man müsse diejenigen töten, die einst unsern Herrgott getötet. Sonderbar! ebendas Volk, das der Welt einen Gott gegeben und dessen ganzes Leben nur Gottesandacht atmete, ward als Deizide verschrien! Die blutige Parodie eines solchen Wahnsinns sahen wir beim Ausbruch der Revolution von Sankt Domingo, wo ein Negerhaufen, der die Pflanzungen mit Mord und Brand heimsuchte, einen schwarzen Fanatiker an seiner Spitze hatte, der ein ungeheures Kruzifix trug und blutdürstig schrie: »Die Weißen haben Christum getötet, laßt uns alle Weißen totschlagen!«

Ja, den Juden, denen die Welt ihren Gott verdankt, verdankt sie auch dessen Wort, die Bibel; sie haben sie gerettet aus dem Bankerott des römischen Reichs, und in der tollen Raufzeit der Völkerwanderung bewahrten sie das teure Buch, bis es der Protestantismus bei ihnen aufsuchte und das gefundene Buch in die Landessprachen übersetzte und in alle Welt verbreitete. Diese Verbreitung hat die segensreichsten Früchte hervorgebracht und dauert noch bis auf heutigen Tag, wo die Propaganda der Bibelgesellschaft eine providentielle Sendung erfüllt, die bedeutsamer ist und jedenfalls ganz andere Folgen haben wird, als die frommen Gentlemen dieser britischen Christentums-Speditions-Sozietät selber ahnen. Sie glauben eine kleine enge Dogmatik zur Herrschaft zu bringen und wie das Meer auch den Himmel zu monopolisieren, denselben zur britischen Kirchendomäne zu machen: und siehe! sie fördern, ohne es zu wissen, den Untergang aller protestantischen Sekten, die alle in der Bibel ihr Leben haben und in einem allgemeinen Bibeltume aufgehen. Sie fördern die große Demokratie, wo jeder Mensch nicht bloß König, sondern auch Bischof in seiner Hausburg sein soll; indem sie die Bibel über die ganze Erde verbreiten, sie sozusagen der ganzen Menschheit durch merkantilische Kniffe, Schmuggel und Tausch, in die Hände spielen und der Exegese, der individuellen Vernunft überliefern, stiften sie das große Reich des Geistes, das Reich des religiösen Gefühls, der Nächstenliebe, der Reinheit und der wahren Sittlichkeit, die nicht durch dogmatische Begriffsformeln gelehrt werden kann, sondern durch Bild und Beispiel, wie dergleichen enthalten ist in dem schönen heiligen Erziehungsbuche für kleine und große Kinder, in der Bibel.

Es ist für den beschaulichen Denker ein wunderbares Schauspiel, wenn er die Länder betrachtet, wo die Bibel schon seit der Reformation ihren bildenden Einfluß ausgeübt hat auf die Bewohner und ihnen in Sitte, Denkungsart und Gemütlichkeit jenen Stempel des palästinischen Lebens aufgeprägt hat, das in dem Alten wie in dem Neuen Testamente sich bekundet. Im Norden von Europa und Amerika, namentlich in den skandinavischen und anglosächsischen, überhaupt in germanischen und einigermaßen auch in keltischen Landen, hat sich das Palästinatum so geltend gemacht, daß man sich dort unter Juden versetzt zu sehen glaubt. Zum Beispiel die protestantischen Schotten, sind sie nicht Hebräer, deren Namen überall biblisch, deren cant sogar etwas jerusalemitisch-pharisäisch klingt und deren Religion nur ein Judentum ist, welches Schweinefleisch frißt? So ist es auch mit manchen Provinzen Norddeutschlands und mit Dänemark; ich will gar nicht reden von den meisten neuen Gemeinden der Vereinigten Staaten, wo man das alttestamentarische Leben pedantisch nachäfft. Letzteres erscheint hier wie daguerreotypiert, die Konturen sind ängstlich richtig, doch alles ist grau in grau, und es fehlt der sonnige Farbenschmelz des Gelobten Landes. Aber die Karikatur wird einst schwinden, das Echte, Unvergängliche und Wahre, nämlich die Sittlichkeit des alten Judentums, wird in jenen Ländern ebenso gotterfreulich blühen wie einst am Jordan und auf den Höhen des Libanons. Man hat keine Palme und Kamele nötig, um gut zu sein, und Gutsein ist besser denn Schönheit.

Vielleicht liegt es nicht bloß in der Bildungsfähigkeit der erwähnten Völker, daß sie das jüdische Leben in Sitte und Denkweise so leicht in sich aufgenommen. Der Grund dieses Phänomens ist vielleicht auch in dem Charakter des jüdischen Volks zu suchen, das immer sehr große Wahlverwandtschaft mit dem Charakter der germanischen und einigermaßen auch der keltischen Rasse hatte. Judäa erschien mir immer wie ein Stück Okzident, das sich mitten in den Orient verloren. In der Tat, mit seinem spiritualistischen Glauben, seinen strengen, keuschen, sogar asketischen Sitten, kurz, mit seiner abstrakten Innerlichkeit, bildete dieses Land und sein Volk immer den sonderbarsten Gegensatz zu den Nachbarländern und Nachbarvölkern, die, den üppig buntesten und brünstigsten Naturkulten huldigend, im bacchantischen Sinnenjubel ihr Dasein verluderten. Israel saß fromm unter seinem Feigenbaum und sang das Lob des unsichtbaren Gottes und übte Tugend und Gerechtigkeit, während in den Tempeln von Babel, Ninive, Sidon und Tyrus jene blutigen und unzüchtigen Orgien gefeiert wurden, ob deren Beschreibung uns noch jetzt das Haar sich sträubt! Bedenkt man diese Umgebung, so kann man die frühe Größe Israels nicht genug bewundern. Von der Freiheitsliebe Israels, während nicht bloß in seiner Umgebung, sondern bei allen Völkern des Altertums, sogar bei den philosophischen Griechen, die Sklaverei justifiziert war und in Blüte stand, will ich gar nicht reden, um die Bibel nicht zu kompromittieren bei den jetzigen Gewalthabern. Es gibt wahrhaftig keinen Sozialisten, der terroristischer wäre als unser Herr und Heiland, und bereits Moses war ein solcher Sozialist, obgleich er, als ein praktischer Mann, bestehende Gebräuche, namentlich in bezug auf das Eigentum, nur umzumodeln suchte. Ja, statt mit dem Unmöglichen zu ringen, statt die Abschaffung des Eigentums tollköpfig zu dekretieren, erstrebte Moses nur die Moralisation desselben, er suchte das Eigentum in Einklang zu bringen mit der Sittlichkeit, mit dem wahren Vernunftrecht, und solches bewirkte er durch die Einführung des Jubeljahrs, wo jedes alienierte Erbgut, welches bei einem ackerbauenden Volke immer Grundbesitz war, an den ursprünglichen Eigentümer zurückfiel, gleichviel, in welcher Weise dasselbe veräußert worden. Diese Institution bildet den entschiedensten Gegensatz zu der »Verjährung« bei den Römern, wo nach Ablauf einer gewissen Zeit der faktische Besitzer eines Gutes von dem legitimen Eigentümer nicht mehr zur Rückgabe gezwungen werden kann, wenn letzterer nicht zu beweisen vermag, während jener Zeit eine solche Restitution in gehöriger Form begehrt zu haben. Diese letzte Bedingnis ließ der Schikane offnes Feld, zumal in einem Staate, wo Despotismus und Jurisprudenz blühte und dem ungerechten Besitzer alle Mittel der Abschreckung, besonders dem Armen gegenüber, der die Streitkosten nicht erschwingen kann, zu Gebote stehn. Der Römer war zugleich Soldat und Advokat, und das Fremdgut, das er mit dem Schwerte erbeutet, wußte er durch Zungendrescherei zu verteidigen. Nur ein Volk von Räubern und Kasuisten konnte die Proskription, die Verjährung, erfinden und dieselbe konsakrieren in jenem abscheulichsten Buche, welches die Bibel des Teufels genannt werden kann, im Kodex des römischen Zivilrechts, der leider noch jetzt herrschend ist.

Ich habe oben von der Verwandtschaft gesprochen, welche zwischen Juden und Germanen, die ich einst »die beiden Völker der Sittlichkeit« nannte, stattfindet, und in dieser Beziehung erwähne ich auch als einen merkwürdigen Zug den ethischen Unwillen, womit das alte deutsche Recht die Verjährung stigmatisiert; in dem Munde des niedersächsischen Bauers lebt noch heute das rührend schöne Wort: »Hundert Jahr Unrecht machen nicht ein Jahr Recht.« Die mosaische Gesetzgebung protestiert noch entschiedener durch die Institution des Jubeljahrs. Moses wollte nicht das Eigentum abschaffen, er wollte vielmehr, daß jeder dessen besäße, damit niemand durch Armut ein Knecht mit knechtischer Gesinnung sei. Freiheit war immer des großen Emanzipators letzter Gedanke, und dieser atmet und flammt in allen seinen Gesetzen, die den Pauperismus betreffen. Die Sklaverei selbst haßte er über alle Maßen, schier ingrimmig, aber auch diese Unmenschlichkeit konnte er nicht ganz vernichten, sie wurzelte noch zu sehr im Leben jener Urzeit, und er mußte sich darauf beschränken, das Schicksal der Sklaven gesetzlich zu mildern, den Loskauf zu erleichtern und die Dienstzeit zu beschränken. Wollte aber ein Sklave, den das Gesetz endlich befreite, durchaus nicht das Haus des Herrn verlassen, so befahl Moses, daß der unverbesserliche servile Lump mit dem Ohr an den Türpfosten des herrschaftlichen Hauses angenagelt würde, und nach dieser schimpflichen Ausstellung war er verdammt, auf Lebenszeit zu dienen. O Moses, unser Lehrer, Mosche Rabenu, hoher Bekämpfer der Knechtschaft, reiche mir Hammer und Nägel, damit ich unsre gemütlichen Sklaven in schwarzrotgoldner Livree mit ihren langen Ohren festnagle an das Brandenburger Tor!

Ich verlasse den Ozean allgemeiner religiös-moralisch-historischer Betrachtungen und lenke mein Gedankenschiff wieder bescheiden in das stille Binnenlandgewässer, wo der Autor so treu sein eignes Bild abspiegelt.

Ich habe oben erwähnt, wie protestantische Stimmen aus der Heimat, in sehr indiskret gestellten Fragen, die Vermutung ausdrückten, als ob bei dem Wiedererwachen meines religiösen Gefühls auch der Sinn für das Kirchliche in mir stärker geworden. Ich weiß nicht, inwieweit ich merken ließ, daß ich weder für ein Dogma noch für irgendeinen Kultus außerordentlich schwärme und ich in dieser Beziehung derselbe geblieben bin, der ich immer war. Ich mache dieses Geständnis jetzt auch, um einigen Freunden, die mit großem Eifer der römisch-katholischen Kirche zugetan sind, einen Irrtum zu benehmen, in den sie ebenfalls in bezug auf meine jetzige Denkungsart verfallen sind. Sonderbar! zur selben Zeit, wo mir in Deutschland der Protestantismus die unverdiente Ehre erzeigte, mir eine evangelische Erleuchtung zuzutrauen, verbreitete sich auch das Gerücht, als sei ich zum katholischen Glauben übergetreten, ja manche gute Seelen versicherten, ein solcher Übertritt habe schon vor vielen Jahren stattgefunden, und sie unterstützten ihre Behauptung mit der Angabe der bestimmtesten Details, sie nannten Zeit und Ort, sie gaben Tag und Datum an, sie bezeichneten mit Namen die Kirche, wo ich die Ketzerei des Protestantismus abgeschworen und den alleinseligmachenden römisch-katholisch-apostolischen Glauben angenommen haben sollte; es fehlte nur die Angabe, wieviel Glockengeläute und Schellengeklingel der Mesner bei dieser Feierlichkeit spendierte.

Wie sehr solches Gerücht Konsistenz gewonnen, ersehe ich aus Blättern und Briefen, die mir zukommen, und ich gerate fast in eine wehmütige Verlegenheit, wenn ich die wahrhafte Liebesfreude sehe, die sich in manchen Zuschriften so rührend ausspricht. Reisende erzählen mir, daß meine Seelenrettung sogar der Kanzelberedsamkeit Stoff geliefert. Junge katholische Geistliche wollen ihre homiletischen Erstlingsschriften meinem Patronate anvertrauen. Man sieht in mir ein künftiges Kirchenlicht. Ich kann nicht darüber lachen, denn der fromme Wahn ist so ehrlich gemeint – und was man auch den Zeloten des Katholizismus nachsagen mag, eins ist gewiß: sie sind keine Egoisten, sie bekümmern sich um ihre Nebenmenschen; leider oft ein bißchen zuviel. Jene falschen Gerüchte kann ich nicht der Böswilligkeit, sondern nur dem Irrtum zuschreiben; die unschuldigsten Tatsachen hat hier gewiß nur der Zufall entstellt. Es hat nämlich ganz seine Richtigkeit mit jener Angabe von Zeit und Ort, ich war in der Tat an dem genannten Tage in der genannten Kirche, die sogar einst eine Jesuitenkirche gewesen, nämlich in Saint-Sulpice, und ich habe mich dort einem religiösen Akte unterzogen – Aber dieser Akt war keine gehässige Abjuration, sondern eine sehr unschuldige Konjugation; ich ließ nämlich dort meine Ehe mit meiner Gattin, nach der Ziviltrauung, auch kirchlich einsegnen, weil meine Gattin, von erzkatholischer Familie, ohne solche Zeremonie sich nicht gottgefällig genug verheiratet geglaubt hätte. Und ich wollte um keinen Preis bei diesem teuren Wesen in den Anschauungen der angebornen Religion eine Beunruhigung oder Störnis verursachen.

Es ist übrigens sehr gut, wenn die Frauen einer positiven Religion anhängen. Ob bei den Frauen evangelischer Konfession mehr Treue zu finden, lasse ich dahingestellt sein. Jedenfalls ist der Katholizismus der Frauen für den Gemahl sehr heilsam. Wenn sie einen Fehler begangen haben, behalten sie nicht lange den Kummer darüber im Herzen, und sobald sie vom Priester Absolution erhielten, sind sie wieder trällernd aufgeheitert und verderben sie ihrem Manne nicht die gute Laune oder Suppe durch kopfhängerisches Nachgrübeln über eine Sünde, die sie sich verpflichtet halten, bis an ihr Lebensende durch grämliche Prüderie und zänkische Übertugend abzubüßen. Auch noch in andrer Beziehung ist die Beichte hier so nützlich: die Sünderin behält ihr furchtbares Geheimnis nicht lange lastend im Kopfe, und da doch die Weiber am Ende alles ausplaudern müssen, ist es besser, sie gestehen gewisse Dinge nur ihrem Beichtiger, als daß sie in die Gefahr geraten, plötzlich in überwallender Zärtlichkeit oder Schwatzsucht oder Gewissensbissigkeit dem armen Gatten die fatalen Geständnisse zu machen!

Der Unglauben ist in der Ehe jedenfalls gefährlich, und so freigeistig ich selbst gewesen, so durfte doch in meinem Hause nie ein frivoles Wort gesprochen werden. Wie ein ehrsamer Spießbürger lebte ich mitten in Paris, und deshalb, als ich heiratete, wollte ich auch kirchlich getraut werden, obgleich hierzulande die gesetzlich eingeführte Zivilehe hinlänglich von der Gesellschaft anerkannt ist. Meine liberalen Freunde grollten mir deshalb und überschütteten mich mit Vorwürfen, als hätte ich der Klerisei eine zu große Konzession gemacht. Ihr Murrsinn über meine Schwäche würde sich noch sehr gesteigert haben, hätten sie gewußt, wieviel größere Konzessionen ich damals der ihnen verhaßten Priesterschaft machte. Als Protestant, der sich mit einer Katholikin verheiratete, bedurfte ich, um von einem katholischen Priester kirchlich getraut zu werden, eine besondere Dispens des Erzbischofs, der diese aber in solchen Fällen nur unter der Bedingung erteilt, daß der Gatte sich schriftlich verpflichtet, die Kinder, die er zeugen würde, in der Religion ihrer Mutter erziehen zu lassen. Es wird hierüber ein Revers ausgestellt, und wie sehr auch die protestantische Welt über solchen Zwang schreit, so will mich bedünken, als sei die katholische Priesterschaft ganz in ihrem Rechte, denn wer ihre einsegnende Garantie nachsucht, muß sich auch ihren Bedingungen fügen. Ich fügte mich denselben ganz de bonne foi, und ich wäre gewiß meiner Verpflichtung redlich nachgekommen. Aber, unter uns gesagt, da ich wohl wußte, daß Kinderzeugen nicht meine Spezialität ist, so konnte ich besagten Revers mit desto leichterm Gewissen unterzeichnen, und als ich die Feder aus der Hand legte, kicherten in meinem Gedächtnis die Worte der schönen Ninon de Lenclos: »Oh, le beau billet qu'a Lechastre!«

Ich will meinen Bekenntnissen die Krone aufsetzen, indem ich gestehe, daß ich damals, um die Dispens des Erzbischofs zu erlangen, nicht bloß meine Kinder, sondern sogar mich selbst der katholischen Kirche verschrieben hätte – Aber der ogre de Rome, der wie das Ungeheuer in den Kindermärchen sich die künftige Geburt für seine Dienste ausbedingt, begnügte sich mit den armen Kindern, die freilich nicht geboren wurden, und so blieb ich ein Protestant, nach wie vor, ein protestierender Protestant, und ich protestiere gegen Gerüchte, die, ohne verunglimpfend zu sein, dennoch zum Schaden meines guten Leumunds ausgebeutet werden können.

Ja, ich, der ich immer selbst das aberwitzigste Gerede, ohne mich viel darum zu bekümmern, über mich hingehen ließ, ich habe mich zu obiger Berichtigung verpflichtet geglaubt, um der Partei des edlen Atta Troll, die noch immer in Deutschland herumtrodelt, keinen Anlaß zu gewähren, in ihrer täppisch treulosen Weise meinen Wankelmut zu bejammern und dabei wieder auf ihre eigne, unwandelbare, in der dicksten Bärenhaut eingenähte Charakterfestigkeit zu pochen. Gegen den armen ogre de Rome, gegen die römische Kirche, ist also diese Reklamation nicht gerichtet. Ich habe längst aller Befehdung derselben entsagt, und längst ruht in der Scheide das Schwert, das ich einst zog im Dienste einer Idee und nicht einer Privatleidenschaft. Ja, ich war in diesem Kampf gleichsam ein officier de fortune, der sich brav schlägt, aber nach der Schlacht oder nach dem Scharmützel keinen Tropfen Groll im Herzen bewahrt, weder gegen die bekämpfte Sache noch gegen ihre Vertreter. Von fanatischer Feindschaft gegen die römische Kirche kann bei mir nicht die Rede sein, da es mir immer an jener Borniertheit fehlt, die zu einer solchen Animosität nötig ist. Ich kenne zu gut meine geistige Taille, um nicht zu wissen, daß ich einem Kolosse, wie die Peterskirche ist, mit meinem wütendsten Anrennen wenig schaden dürfte;

nur ein bescheidener Handlanger konnte ich sein bei dem langsamen Abtragen seiner Quadern, welches Geschäft freilich doch noch viele Jahrhunderte dauern mag. Ich war zu sehr Geschichtskundiger, als daß ich nicht die Riesenhaftigkeit jenes Granitgebäudes erkannt hätte; – nennt es immerhin die Bastille des Geistes, behauptet immerhin, dieselbe werde jetzt nur noch von Invaliden verteidigt; aber es ist darum nicht minder wahr, daß auch diese Bastille nicht so leicht einzunehmen wäre und noch mancher junge Anstürmer an seinen Wällen den Hals brechen wird. Als Denker, als Metaphysiker, mußte ich immer der Konsequenz der römisch-katholischen Dogmatik meine Bewunderung zollen; auch darf ich mich rühmen, weder das Dogma noch den Kultus je durch Witz oder Spötterei bekämpft zu haben, und man hat mir zugleich zuviel Ehre und zuviel Unehre erzeigt, wenn man mich einen Geistesverwandten Voltaires nannte. Ich war immer ein Dichter, und deshalb mußte sich mir die Poesie, welche in der Symbolik des katholischen Dogmas und Kultus blüht und lodert, viel tiefer als andern Leuten offenbaren, und nicht selten in meiner Jünglingszeit überwältigte auch mich die unendliche Süße, die geheimnisvoll selige Überschwenglichkeit und schauerliche Todeslust jener Poesie: auch ich schwärmte manchmal für die hochgebenedeite Königin des Himmels, die Legenden ihrer Huld und Güte brachte ich in zierliche Reime, und meine erste Gedichtesammlung enthält Spuren dieser schönen Madonnaperiode, die ich in spätern Sammlungen lächerlich sorgsam ausmerzte.

Die Zeit der Eitelkeit ist vorüber, und ich erlaube jedem, über diese Geständnisse zu lächeln.

Ich brauche wohl nicht erst zu gestehen, daß in derselben Weise, wie kein blinder Haß gegen die römische Kirche in mir waltete, auch keine kleinliche Ranküne gegen ihre Priester in meinem Gemüte nisten konnte: wer meine satirische Begabnis und die Bedürfnisse meines parodierenden Übermuts kennt, wird mir gewiß das Zeugnis erteilen, daß ich die menschlichen Schwächen der Klerisei immer schonte, obgleich in meiner spätern Zeit die frommtuenden, aber dennoch sehr bissigen Ratten, die in den Sakristeien Bayerns und Österreichs herumraschein, das verfaulte Pfaffengeschmeiß, mich oft genug zur Gegenwehr reizte. Aber ich bewahrte im zornigsten Ekel dennoch immer eine Ehrfurcht vor dem wahren Priesterstand, indem ich, in die Vergangenheit zurückblickend, der Verdienste gedachte, die er sich einst um mich erwarb.

Denn katholische Priester waren es, denen ich als Kind meinen ersten Unterricht verdankte; sie leiteten meine ersten Geistesschritte. Auch in der höhern Unterrichtsanstalt zu Düsseldorf, welche unter der französischen Regierung das Lyzeum hieß, waren die Lehrer fast lauter katholische Geistliche, die sich alle mit ernster Güte meiner Geistesbildung annahmen; seit der preußischen Invasion, wo auch jene Schule den preußisch-griechischen Namen Gymnasium annahm, wurden die Priester allmählich durch weltliche Lehrer ersetzt. Mit ihnen wurden auch ihre Lehrbücher abgeschafft, die kurzgefaßten, in lateinischer Sprache geschriebenen Leitfaden und Chrestomathien, welche noch aus den Jesuitenschulen herstammten, und sie wurden ebenfalls ersetzt durch neue Grammatiken und Kompendien, geschrieben in einem schwindsüchtigen, pedantischen Berlinerdeutsch, in einem abstrakten Wissenschaftsjargon, der den jungen Intelligenzen minder zugänglich war als das leichtfaßliche, natürliche und gesunde Jesuitenlatein. Wie man auch über die Jesuiten denkt, so muß man doch eingestehen, sie bewährten immer einen praktischen Sinn im Unterricht, und ward auch bei ihrer Methode die Kunde des Altertums sehr verstümmelt mitgeteilt, so haben sie doch diese Altertumskenntnis sehr verallgemeinert, sozusagen demokratisiert, sie ging in die Massen über, statt daß bei der heutigen Methode der einzelne Gelehrte, der Geistesaristokrat, das Altertum und die Alten besser begreifen lernt, aber der großen Volksmenge sehr selten ein klassischer Brocken, irgendein Stück Herodot oder eine Äsopische Fabel oder ein Horazischer Vers, im Hirntopfe zurückbleibt, wie ehemals, wo die armen Leute an den alten Schulbrotkrusten ihrer Jugend später noch lange zu knuspern hatten. »So ein bißchen Latein ziert den ganzen Menschen«, sagte mir einst ein alter Schuster, dem aus der Zeit, wo er mit dem schwarzen Mäntelchen in das Jesuitenkollegium ging, so mancher schöne Ciceronianische Passus aus den Catilinarischen Reden im Gedächtnisse geblieben, den er gegen heutige Demagogen so oft und so spaßhaft glücklich zitierte. Pädagogik war die Spezialität der Jesuiten, und obgleich sie dieselbe im Interesse ihres Ordens treiben wollten, so nahm doch die Leidenschaft für die Pädagogik selbst, die einzige menschliche Leidenschaft, die ihnen blieb, manchmal die Oberhand, sie vergaßen ihren Zweck, die Unterdrückung der Vernunft zugunsten des Glaubens, und statt die Menschen wieder zu Kindern zu machen, wie sie beabsichtigten, haben sie im Gegenteil, gegen ihren

Willen, durch den Unterricht die Kinder zu Menschen gemacht. Die größten Männer der Revolution sind aus den Jesuitenschulen hervorgegangen, und ohne die Disziplin dieser letztern wäre vielleicht die große Geisterbewegung erst ein Jahrhundert später ausgebrochen.

Arme Väter von der Gesellschaft Jesu! Ihr seid der Popanz und der Sündenbock der liberalen Partei geworden, man hat jedoch nur eure Gefährlichkeit, aber nicht eure Verdienste begriffen. Was mich betrifft, so konnte ich nie einstimmen in das Zetergeschrei meiner Genossen, die bei dem Namen Loyola immer in Wut gerieten, wie Ochsen, denen man einen roten Lappen vorhält! Und dann, ohne im geringsten die Hut meiner Parteiinteressen zu verabsäumen, mußte ich mir in der Besonnenheit meines Gemütes zuweilen gestehen, wie es oft von den kleinsten Zufälligkeiten abhing, daß wir dieser statt jener Partei zufielen und uns jetzt nicht in einem ganz entgegengesetzten Feldlager befänden. In dieser Beziehung kommt mir oft ein Gespräch in den Sinn, das ich mit meiner Mutter führte, vor etwa acht Jahren, wo ich die hochbetagte Frau, die schon damals achtzigjährig, in Hamburg besuchte. Eine sonderbare Äußerung entschlüpfte ihr, als wir von den Schulen, worin ich meine Knabenzeit zubrachte, und von meinen katholischen Lehrern sprachen, worunter sich, wie ich jetzt erfuhr, manche ehemalige Mitglieder des Jesuitenordens befanden. Wir sprachen viel von unserm alten lieben Schallmeyer, dem in der französischen Periode die Leitung des Düsseldorfer Lyzeums als Rektor anvertraut war und der auch für die oberste Klasse Vorlesungen über Philosophie hielt, worin er unumwunden die freigeistigsten griechischen Systeme auseinandersetzte, wie grell diese auch gegen die orthodoxen Dogmen abstachen, als deren Priester er selbst zuweilen in geistlicher Amtstracht am Altar fungierte. Es ist gewiß bedeutsam, und vielleicht einst vor den Assisen im Tale Josaphat kann es mir als circonstance atténuante angerechnet werden, daß ich schon im Knabenalter den besagten philosophischen Vorlesungen beiwohnen durfte. Diese bedenkliche Begünstigung genoß ich vorzugsweise, weil der Rektor Schallmeyer sich als Freund unsrer Familie ganz besonders für mich interessierte; einer meiner Öhme, der mit ihm zu Bonn studiert hatte, war dort sein akademischer Pylades gewesen, und mein Großvater errettete ihn einst aus einer tödlichen Krankheit. Der alte Herr besprach sich deshalb sehr oft mit meiner Mutter über meine Erziehung und künftige Laufbahn, und in solcher Unterredung war es, wie mir meine Mutter später in Hamburg erzählte, daß er ihr den Rat erteilte, mich dem Dienst der Kirche zu widmen und nach Rom zu schicken, um in einem dortigen Seminar katholische Theologie zu studieren; durch die einflußreichen Freunde, die der Rektor Schallmeyer unter den Prälaten höchsten Ranges zu Rom besaß, versicherte er, imstande zu sein, mich zu einem bedeutenden Kirchenamte zu fördern. Als mir dieses meine Mutter erzählte, bedauerte sie sehr, daß sie dem Rate des geistreichen alten Herrn nicht Folge geleistet, der mein Naturell frühzeitig durchschaut hatte und wohl am richtigsten begriff, welches geistige und physische Klima demselben am angemessensten und heilsamsten gewesen sein möchte. Die alte Frau bereute jetzt sehr, einen so vernünftigen Vorschlag abgelehnt zu haben; aber zu jener Zeit träumte sie für mich sehr hochfliegende weltliche Würden, und dann war sie eine Schülerin Rousseaus, eine strenge Deistin, und es war ihr auch außerdem nicht recht, ihren ältesten Sohn in jene Soutane zu stecken, welche sie von deutschen Priestern mit so plumpem Ungeschick tragen sah. Sie wußte nicht, wie ganz anders ein römischer Abate dieselbe mit einem graziösen Schick trägt und wie kokett er das schwarzseidne Mäntelchen achselt, das die fromme Uniform der Galanterie und der Schöngeisterei ist im ewig schönen Rom.

Oh, welch ein glücklicher Sterblicher ist ein römischer Abate, der nicht bloß der Kirche Christi, sondern auch dem Apoll und den Musen dient. Er selbst ist ihr Liebling, und die drei Göttinnen der Anmut halten ihm das Tintenfaß, wenn er seine Sonette verfertigt, die er in der Akademie der Arkadier mit zierlichen Kadenzen rezitiert. Er ist ein Kunstkenner, und er braucht nur den Hals einer jungen Sängerin zu betasten, um voraussagen zu können, ob sie einst eine celeberrima cantatrice, eine Diva, eine Weltprimadonna, sein wird. Er versteht sich auf Antiquitäten, und über den ausgegrabenen Torso einer griechischen Bacchantin schreibt er eine Abhandlung im schönsten ciceronianischen Latein, die er dem Oberhaupte der Christenheit, dem Pontifex maximus, wie er ihn nennt, ehrfurchtsvoll widmet. Und gar welcher Gemäldekenner ist der Signor Abate, der die Maler in ihren Ateliers besucht und ihnen über ihre weiblichen Modelle die feinsten anatomischen Beobachtungen mitteilt. Der Schreiber dieser Blätter hätte ganz das Zeug dazu gehabt, ein solcher Abate zu werden und im süßesten Dolcefarniente dahinzuschlendern durch die Bibliotheken, Galerien, Kirchen und

Ruinen der Ewigen Stadt, studierend im Genusse und genießend im Studium, und ich hätte Messe gelesen vor den auserlesensten Zuhörern, ich wäre auch in der heiligen Woche als strenger Sittenprediger auf die Kanzel getreten, freilich auch hier niemals in asketische Roheit ausartend – ich hätte am meisten die römischen Damen erbaut und wäre vielleicht durch solche Gunst und Verdienste in der Hierarchie der Kirche zu den höchsten Würden gelangt, ich wäre vielleicht ein Monsignore geworden, ein Violettstrumpf, sogar der rote Hut konnte mir auf den Kopf fallen – und wie das Sprüchlein heißt:

> Es ist kein Pfäfflein noch so klein,
> Es möchte gern ein Päpstlein sein –,

so hätte ich am Ende vielleicht gar jenen erhabensten Ehrenposten erklommen – denn obgleich ich von Natur nicht ehrgeizig bin, so würde ich dennoch die Ernennung zum Papste nicht ausgeschlagen haben, wenn die Wahl des Konklaves auf mich gefallen wäre. Es ist dieses jedenfalls ein sehr anständiges und auch mit gutem Einkommen versehenes Amt, das ich gewiß mit hinlänglichem Geschick versehen konnte. Ich hätte mich ruhig niedergesetzt auf den Stuhl Petri, allen frommen Christen, sowohl Priestern als Laien, das Bein hinstreckend zum Fußkuß. Ich hätte mich ebenfalls mit gehöriger Seelenruhe durch die Pfeilergänge der großen Basilika in Triumph herumtragen lassen, und nur im wackelndsten Falle würde ich mich ein bißchen festgeklammert haben an der Armlehne des goldnen Sessels, den sechs stämmige karmoisinrote Camerieren auf ihren Schultern tragen, während nebenher glatzköpfige Kapuziner mit brennenden Kerzen und galonierte Lakaien wandeln, welche ungeheuer große Pfauenwedel emporhalten und das Haupt des Kirchenfürsten befächeln – wie gar lieblich zu schauen ist auf dem Prozessionsgemälde des Horaz Vernet. Mit einem gleichen unerschütterlichen sazerdotalen Ernste – denn ich kann sehr ernst sein, wenn es durchaus nötig ist – hätte ich auch vom Lateran herab der ganzen Christenheit den jährlichen Segen erteilt; in pontificalibus, mit der dreifachen Krone auf dem Kopfe und umgeben von einem Generalstab von Rothüten und Bischofsmützen, Goldbrokatgewändern und Kutten von allen Couleuren, hätte sich Meine Heiligkeit auf dem hohen Balkon dem Volke gezeigt, das tief unten, in unabsehbar wimmelnder

Menge, mit gebeugten Köpfen und kniend hingelagert – und ich hätte ruhig die Hände ausgestreckt und den Segen erteilt, der Stadt und der Welt.

Aber, wie du wohl weißt, geneigter Leser, ich bin kein Papst geworden, auch kein Kardinal, nicht mal ein römischer Nuntius, und wie in der weltlichen, so auch in der geistlichen Hierarchie habe ich weder Amt noch Würden errungen. Ich habe es, wie die Leute sagen, auf dieser schönen Erde zu nichts gebracht. Es ist nichts aus mir geworden, nichts als ein Dichter.

Nein, ich will keiner heuchlerischen Demut mich hingebend diesen Namen geringschätzen. Man ist viel, wenn man ein Dichter ist, und gar wenn man ein großer lyrischer Dichter ist in Deutschland, unter dem Volke, das in zwei Dingen, in der Philosophie und im Liede, alle andern Nationen überflügelt hat. Ich will nicht mit der falschen Bescheidenheit, welche die Lumpen erfunden, meinen Dichterruhm verleugnen. Keiner meiner Landsleute hat in so frühem Alter wie ich den Lorbeer errungen, und wenn mein Kollege Wolfgang Goethe wohlgefällig davon singt, »daß der Chinese mit zitternder Hand Werthern und Lotten auf Glas male«, so kann ich, soll doch einmal geprahlt werden, dem chinesischen Ruhm einen noch weit fabelhaftern, nämlich einen japanischen, entgegensetzen. Als ich mich vor etwa zwölf Jahren hier im Hôtel des Princes bei meinem Freunde H. Wöhrmann aus Riga befand, stellte mir derselbe einen Holländer vor, der eben aus Japan gekommen, dreißig Jahre dort in Nangasaki zugebracht und begierig wünschte, meine Bekanntschaft zu machen. Es war der Dr. Bürger, der jetzt in Leiden mit dem gelehrten Seybold das große Werk über Japan herausgibt. Der Holländer erzählte mir, daß er einen jungen Japanesen Deutsch gelehrt, der später meine Gedichte in japanischer Übersetzung drucken ließ, und dieses sei das erste europäische Buch gewesen, das in japanischer Sprache erschienen – übrigens fände ich über diese kuriose Übertragung einen weitläufigen Artikel in der englischen »Review« von Kalkutta. Ich schickte sogleich nach mehreren cabinets de lecture, doch keine ihrer gelehrten Vorsteherinnen konnte mir die »Review« von Kalkutta verschaffen, und auch an Julien und Paulthier wandte ich mich vergebens –

Seitdem habe ich über meinen japanischen Ruhm keine weitern Nachforschungen angestellt. In diesem Augenblick ist er mir ebenso gleichgültig wie etwa mein finnländischer Ruhm. Ach! der Ruhm überhaupt, dieser sonst so süße Tand, süß wie Ananas und Schmeichelei, er ward mir seit geraumer Zeit sehr verleidet; er dünkt mich jetzt bitter wie Wermut. Ich kann wie Romeo sagen: »Ich bin der Narr des Glücks.« Ich stehe jetzt vor dem großen Breinapf, aber es fehlt mir der Löffel. Was nützt es mir, daß bei Festmahlen aus goldnen Pokalen und mit den besten Weinen meine Gesundheit getrunken wird, wenn ich selbst unterdessen, abgesondert von aller Weltlust, nur mit einer schalen Tisane meine Lippen netzen darf! Was nützt es mir, daß begeisterte Jünglinge und Jungfrauen meine marmorne Büste mit Lorbeeren umkränzen, wenn derweilen meinem wirklichen Kopfe von den welken Händen einer alten Wärterin eine spanische Fliege hinter die Ohren gedrückt wird! Was nützt es mir, daß alle Rosen von Schiras so zärtlich für mich glühen und duften – ach, Schiras ist zweitausend Meilen entfernt von der Rue d'Amsterdam, wo ich in der verdrießlichen Einsamkeit meiner Krankenstube nichts zu riechen bekomme als etwa die Parfüms von gewärmten Servietten. Ach! der Spott Gottes lastet schwer auf mir. Der große Autor des Weltalls, der Aristophanes des Himmels, wollte dem kleinen irdischen, sogenannten deutschen Aristophanes recht grell dartun, wie die witzigsten Sarkasmen desselben nur armselige Spöttereien gewesen im Vergleich mit den seinigen und wie kläglich ich ihm nachstehen muß im Humor, in der kolossalen Spaßmacherei.

Ja, die Lauge der Verhöhnung, die der Meister über mich herabgeußt, ist entsetzlich, und schauerlich grausam ist sein Spaß. Demütig bekenne ich seine Überlegenheit, und ich beuge mich vor ihm im Staube. Aber wenn es mir auch an solcher höchsten Schöpfungskraft fehlt, so blitzt doch in meinem Geiste die ewige Vernunft, und ich darf sogar den Spaß Gottes vor ihr Forum ziehen und einer ehrfurchtsvollen Kritik unterwerfen. Und da wage ich nun zunächst die untertänigste Andeutung auszusprechen, es wolle mich bedünken, als zöge sich jener grausame Spaß, womit der Meister den armen Schüler heimsucht, etwas zu sehr in die Länge; er dauert schon über sechs Jahre, was nachgerade langweilig wird. Dann möchte ich ebenfalls mir die unmaßgebliche Bemerkung erlauben, daß jener Spaß nicht neu ist und daß ihn der große Aristophanes des Himmels schon bei einer andern Gelegenheit angebracht und also ein Plagiat an hoch sich selber begangen habe. Um diese Behauptung zu unterstützen, will ich eine Stelle der »Limburger Chronik« zitieren. Diese Chronik ist sehr interessant für diejenigen, welche sich über Sitten und Bräuche des deutschen Mittelalters unterrichten wollen. Sie beschreibt, wie ein Modejournal, die Kleidertrachten, sowohl die männlichen als die weiblichen, welche in jeder Periode aufkamen. Sie gibt auch Nachricht von den Liedern, die in jedem Jahre gepfiffen und gesungen wurden, und von manchem Lieblingsliede der Zeit werden die Anfänge mitgeteilt. So vermeldet sie von Anno 1480, daß man in diesem Jahre in ganz Deutschland Lieder gepfiffen und gesungen, die süßer und lieblicher als alle Weisen, so man zuvor in deutschen Landen kannte, und jung und alt, zumal das Frauenzimmer, sei ganz davon vernarrt gewesen, so daß man sie von Morgen bis Abend singen hörte; diese Lieder aber, setzt die Chronik hinzu, habe ein junger Klerikus gedichtet, der von der Misselsucht behaftet war und sich, vor aller Welt verborgen, in einer Einöde aufhielt. Du weißt gewiß, lieber Leser, was für ein schauderhaftes Gebreste im Mittelalter die Misselsucht war und wie die armen Leute, die solchem unheilbaren Siechtum verfallen, aus jeder bürgerlichen Gesellschaft ausgestoßen waren und sich keinem menschlichen Wesen nahen durften. Lebendig Tote wandelten sie einher, vermummt vom Haupt bis zu den Füßen, die Kapuze über das Gesicht gezogen und in der Hand eine Klapper tragend, die sogenannte Lazarusklapper, womit sie ihre Nähe ankündigten, damit ihnen jeder zeitig aus dem Wege gehen konnte. Der arme Klerikus, von dessen Ruhm als Liederdichter die obgenannte »Limburger Chronik« gesprochen, war nun ein solcher Misselsüchtiger, und er saß traurig in der Öde seines Elends, während jauchzend und jubelnd ganz Deutschland seine Lieder sang und pfiff! Oh, dieser Ruhm war die uns wohlbekannte Verhöhnung, der grausame Spaß Gottes, der auch hier derselbe ist, obgleich er diesmal im romantischern Kostüme des Mittelalters erscheint. Der blasierte König von Judäa sagte mit Recht: »Es gibt nichts Neues unter der Sonne« – Vielleicht ist diese Sonne selbst ein alter aufgewärmter Spaß, der, mit neuen Strahlen geflickt, jetzt so imposant funkelt!

Manchmal in meinen trüben Nachtgesichten glaube ich den armen Klerikus der »Limburger Chronik«, meinen Bruder in Apoll, vor mir zu sehen, und seine leidenden Augen lugen sonderbar stier hervor aus seiner Kapuze; aber im selben Augenblick huscht er von dannen, und verhallend, wie das Echo eines Traumes, hör ich die knarrenden Töne der Lazarusklapper.

Anhang

I

Es sind nicht bloß die Franzosen und der Kaiser, welche zu Waterloo unterlagen – die Franzosen stritten dort freilich für ihren eignen Herd, aber sie waren zu gleicher Zeit die heiligen Kohorten, welche die Sache der Revolution vertraten, und ihr Kaiser kämpfte hier nicht sowohl für seine Krone als auch für das Banner der Revolution, das er trug; er war der Gonfaloniere der Demokratie, wie Wellington der Fahnenjunker der Aristokratie war, als beider Heere auf dem Blachfelde von Waterloo sich gegenüberstanden – Und diese letztere siegte, die schlechte Sache des verjährten Vorrechts, der servile Knechtsinn und die Lüge triumphierten, und es waren die Interessen der Freiheit, der Gleichheit, der Brüderschaft, der Wahrheit und der Vernunft, es war die Menschheit, welche zu Waterloo die Schlacht verloren. Wir in Deutschland, wir waren nicht die Düpes jener plenipotentiaren Tartüffe, welche, mit der rohen Übermacht die feige Heuchelei verbindend, in ihren Proklamationen erklärten, daß sie nur gegen einen einzigen Menschen, der Napoleon Bonaparte heiße, den Krieg führten: wir wußten sehr gut, daß man, wie das Sprichwort sagt, auf den Sack schlägt und den Esel meint, daß man in jenem einzigen Mann auch uns schlug, auch uns verhöhnte, uns kreuzigte, daß der »Bellerophon« auch uns transportierte, daß Hudson Lowe auch uns quälte, daß der Marterfelsen von Sankt Helena unser eignes Golgatha war und unsre erste Leidensstation Waterloo hieß!

Waterloo! fataler Name! Es vergingen viele Jahre, und wir konnten diesen Namen nicht nennen hören, ohne daß alle Schlangen des ohnmächtigen Zorns in unsrer Brust aufzischten und uns die Ohren gellten wie vom Hohngelächter unsrer Feinde. Ihren Speichel fühlten wir alsdann auf den errötenden Wangen – Gottlob, der schnöde Zauber ist jetzt gebrochen, und die herzzerreißende, verzweiflungsvolle Bedeutung jenes Namens ist jetzt verschwunden!

Welchem mirakulosen Ereignisse wir die Befreiung vom Waterloo-Alp verdanken, ist bekannt. Schon durch die Juliusrevolution ward uns eine große Satisfaktion gewährt, sie war jedoch nicht komplett; es war nur Balsam für die alte Wunde, die aber noch nicht vernarben konnte. Die Franzosen hatten freilich die ältere Bourbonenlinie weggejagt, welche mit dem doppelten Unglück behaftet war, daß sie den Besiegten von den fremden Siegern aufgedrungen worden, nachdem dieses alte, abgelebte Königsgeschlecht vorher die schrecklichste Beleidigung in Frankreich erduldet hatte. Die schmachvolle Hinrichtung des gutmütigen und menschenfreundlichen Ludwigs XVI., dieses schauderhafte Vergehen, konnte zwar bei den Beleidigten Verzeihung finden, aber nimmermehr bei den Beleidigern; denn der Beleidiger verzeiht nie. Der 21. Januar war in der Tat ein zu unvergeßliches Datum, als daß ein Franzose ruhig schlafen konnte, solange ein Bourbone von der ältern Linie auf dem Throne Frankreichs saß; diese Linie war unmöglich geworden und mußte früh oder spät, gleich einem Geschwür, aus dem französischen Staatskörper ausgeschnitten werden, ganz so, wie es den Stuarts in England geschah, als dort ähnliche Ursachen der Scham und des Mißtrauens obwalteten. Ludwig Philipp und seine Familie war möglich, weil sein Vater an dem Nationalvergehen teilgenommen und er selbst zu den Vorkämpen der Revolution einst gehörte. Ludwig Philipp war ein großer und edler König. Er besaß alle bürgerlichen Tugenden eines Bourgeois und kein einziges Laster eines Grandseigneur. Er saß gut zu Pferd und hatte zu Jemappes und Valmy gefochten. Frau von Genlis leitete seine Erziehung, und er war wissenschaftlich gebildet wie ein Gelehrter; auch konnte er im Falle der Not durch Unterricht in der Mathematik sein Brot verdienen oder einen Bedienten, den der Schlag getroffen, gleich zur Ader lassen, weshalb er auch ein Feldschereretui beständig bei sich trug. Er war höflich, großmütig und verzieh ebensowohl seinen legitimistischen Verleumdern wie seinen republikanischen Meuchelmördern; er fürchtete nicht die Kugeln, womit die eigne Brust bedroht war, doch als es galt, auf das Volk schießen zu lassen, überschlich ihn die alte philanthropische Weichherzigkeit, und er warf die Krone von sich, ergriff seinen Hut und nahm seinen alten Regenschirm und seine Frau unter den Arm und empfahl sich. Er war ein Mensch. Fabelhaft groß war sein Reichtum, und doch blieb er arbeitsam wie der ärmste Handwerker. Er war vakziniert; ist auch nie von den Pocken heimgesucht worden. Er war gerecht und brach nie den Eid, den er den Gesetzen geschworen. Er gab den Franzosen achtzehn Jahre Frieden und Freiheit. Er war genügsam, keusch und hatte nur eine einzige Geliebte, welche Marie Amalie hieß. Er war tolerant und liebte die Jesuiten nicht. Er war das Muster eines Königs, ein Marc Aurel mit einem modernen Toupet, ein gekrönter Weiser, ein ehrlicher Mann – Und dennoch konnten ihn die Franzosen auf die Länge nicht behalten, denn er war nicht nationalen Ursprungs, er war nicht der Erwählte des Volks, sondern einer kleinen Koterie von Geldmenschen, die ihn auf den vakanten Thron gesetzt, weil er ihnen die beste Garantie ihrer Besitztümer dünkte und weil bei dieser Besetzung keine große Einrede von seiten der europäischen Aristokratie zu befürchten stand, die ja einst nicht so sehr aus Liebe für Ludwig XVIII. als vielmehr aus Haß gegen Napoleon, den einzigen, gegen den sie Krieg zu führen vorgab, die Restauration betrieben hatte. Ganz recht war es freilich den Fürsten des Nordens nicht, daß ihre Protegés so ohne Umstände fortgejagt wurden, aber sie hatten dieselben nie wahrhaft geliebt; Ludwig Philipps Quasilegitimität, seine erlauchte Geburt und sein sanftes Dulden erweichte endlich die hohen Unzufriedenen, und sie ließen sich den gallischen Hahn gefallen – weil er kein Adler war.

Obgleich wir gern zugeben, daß man dem König Ludwig Philipp großes Unrecht getan, daß man ihn mit dem unwürdigsten Undank behandelt, daß er ein wahrer Märtyrer war und daß die Februarrevolution überhaupt sich als ein beklagenswertes Ereignis auswies, das unsäglich viel Unheil über die Welt brachte, so müssen wir nichtsdestoweniger gestehen, daß sie wieder für die Franzosen, deren Nationalgefühl dadurch erhoben worden, sowie auch für die Demokratie im allgemeinen, deren ideales Bewußtsein sich daran stärkte, eine große Genugtuung war. Doch vollständig war diese letztere noch nicht, und sie schlug bald über in eine klägliche Demütigung. Dieses verschuldeten jene ungetreuen Mandatare des Volks, die den großen Akt der Volkssouveränität, der ihnen die unumschränkteste Macht verlieh, durch ihr Ungeschick oder ihre Feigheit oder ihr Doppelspiel verzettelten. Ich will nicht sagen, daß sie schlechte Menschen waren; im Gegenteil, es wäre uns besser ergangen, wenn wir entschiedenen Bösewichtern in die Hände gefallen wären, die energisch und konsequent gehandelt und vielleicht viel Blut vergossen, aber etwas Großes für das Volk getan hätten. Ein ungeheures

Verbrechen begingen jene guten Leute und schlechten Musikanten, die sich aus Ehrgeiz im Augenblick des entsetzlichsten Sturmes ans Steuerruder des Staates drängten und, ohne die geringsten Kenntnisse politischer Nautik, das Kommando des Schiffes übernahmen, als einzige Bussole nur ihre Eitelkeit konsultierend. Unvermeidlich war der Schiffbruch.

Gleich in der ersten Stunde der Provisorischen Regierung, die sich eben diesen Namen gab, offenbarte sich das Unvermögen der kleinen Menschen. Schon dieser Name »Provisorische Regierung« bekundete offiziell ihre Zagnis und annullierte von vornherein alles, was sie etwa Tüchtiges für das vertrauende Volk, das ihnen die höchste Gewalt erteilte und sie mit einer Leibgarde von 300000 Mann beschützte, tun konnten. Nie hat das Volk, das große Waisenkind, aus dem Glückstopf der Revolution miserablere Nieten gezogen, als die Personen waren, welche jene Provisorische Regierung bildeten. Es befanden sich unter ihnen miserable Komödianten, die bis aufs Haar, bis auf die Farbe des Barthaars, jenen Heldenspielern des Liebhabertheaters glichen, das uns Shakespeare im »Sommernachtstraum« so ergötzlich vorführt. Diese täppischen Gesellen hatten in der Tat vor nichts mehr Angst, als daß man ihr Spiel für Ernst halten möchte, und Snug der Tischler versicherte im voraus, daß er kein wirklicher Löwe, sondern nur ein provisorischer Löwe, nur Snug der Tischler sei, daß sich das Publikum vor seinem Brüllen nicht zu fürchten brauche, da es nur ein provisorisches Brüllen sei – und dabei, in seiner Eitelkeit, hatte er Lust, alle Rollen zu spielen, und die Hauptsache war für ihn die Farbe des Bartes, womit eine Rolle tragiert werden müsse, ob es ein zindelroter oder ein trikolorer Bart sei.

Wahrlich, die auswärtigen Mächte hatten keinen Grund, sich vor diesen provisorischen Löwen zu fürchten – sie waren wohl im Beginn etwas verdutzt, aber sie faßten sich bald, als sie sahen, welche Tiere in der Löwenhaut steckten, und sie brauchten keineswegs die Februarrevolution als eine politische Beleidigung, als eine patzige Herausforderung anzusehen – denn sie konnten mit Recht sagen: »Es ist uns gleich, wer in Frankreich regiert. Wir haben zwar Anno 1815 die ältern Bourbonen auf den Thron gesetzt, aber es geschah nicht aus Zärtlichkeit für diese, sondern aus Haß gegen den Napoleon Bonaparte, mit welchem wir damals Krieg führten und den wir bei Waterloo erschlugen und zu

Sankt Helena, Gott sei Dank! begruben – Solange er lebte, hatten wir keine ruhige Stunde – Nun, da dieser tot ist und unter den provisorischen Regierungslöwen keiner sich befindet, der uns wieder unsre liebe Nachtruhe rauben könnte, so ist es uns gleichgültig, wer in Frankreich herrscht. Es kümmert uns gar nicht, wer dort regiert, ob Louis Blanc oder der General Tom Pouce, der Zwerg beider Welten, der noch weit berühmter ist als ersterer, aber freilich ebensowenig wie sein Mitzwerg Louis Blanc in der Winzigkeit einen Vergleich aushalten könnte mit dem seligen Bogulawski, den man in eine Pastete buk und auf die Tafel des Kurfürsten von Sachsen setzte – der tapfere Pole biß und hieb sich aber mit seinen Zähnen und seinem kleinen Säbel aus dem Backwerk heraus und spazierte auf der kurfürstlichen Tafel als Sieger einher, ein Heldenstück, welches vielleicht eurem Homunkulus Louis Blanc nicht gelingen dürfte, der sich schwerlich so heroisch aus der Februarpastete wieder herausfrißt.«

Ich bemerke ausdrücklich, daß es die auswärtigen Fürsten sind, die sich in so wegwerfender Weise über Louis Blanc äußern. Mit größerer Anerkennung würde ich selbst von diesem Tribunen reden, der während seiner ephemeren Machthaberei sich zwar nicht durch Intelligenz, aber desto mehr durch eine fast deutsche Sentimentalität auszeichnete. In allen seinen Reden war er immer von den schönen Gefühlswallungen seines Herzens überwältigt, er wiederholte darin beständig, daß er bis zu Tränen gerührt sei, und er flennte dabei so beträchtlich, daß diese wäßrichte Gemütlichkeit ihm auch jenseits des Rheins eine gewisse Popularität erwarb, indem nämlich die deutschen Ammen und Kindermägde ihren kleinen Schreihälsen, die beständig weinen, den Namen des larmoyanten französischen Demagogen erteilten. Es haben viele über das kindische Äußere desselben gescherzt. Ich aber habe niemals sein Köpfchen betrachten können, ohne von einem gewissen Erstaunen ergriffen zu sein; nicht, weil ich etwa das viele Wissen des Männchens bewundert hätte – nein, er ist im Gegenteil von aller Wissenschaft gänzlich entblößt –, ich war vielmehr verwundert, wie in einem so kleinen Köpfchen soviel Unwissenheit Platz finden konnte; ich begriff nie, wie dieser bornierte, winzige Schädel jene kolossalen Massen von Ignoranz zu enthalten vermochte, die er in so reicher, ja verschwenderischer Fülle bei jeder Gelegenheit auskramte – da zeigt sich die Allmacht Gottes! Trotz allem Mangel an Wissenschaft und Gelahrtheit bekundet Herr Louis Blanc dennoch ein wahrhaftes Talent für Geschichtschreibung. Nur ist zu bedauern, daß er just jene Titanenkämpfe beschreiben wollte, welche wir die Geschichte der französischen Revolution nennen. Es ist schade, daß er nicht lieber einen Stoff wählte, dem er gewachsen wäre, der seiner Statur angemessener, z.B. die Kriege der Pygmäen mit den Kranichen, wovon uns Herodot berichtet.

Sowohl in bezug auf Talent als auch Gesinnung, so klein er war, überragte Louis Blanc dennoch mehre seiner Kollegen von jener Provisorischen Regierung, welche den nordischen Potentaten sowenig Furcht einjagte. Alles, was diese Fürsten sagten, ist reine Wahrheit. Unter den Mitgliedern der Provisorischen Regierung war kein einziger, der im mindesten Ähnlichkeit hatte mit jenem Störefried, mit jenem Unfugstifter, jenem schrecklichen korsikanischen Taugenichts, der in allen Hauptstädten der Welt die Wache prügelte, überall die Fenster einwarf, die Laternen zerschlug und unsre ehrwürdigen Monarchen wie alte Portiers behandelte, indem er sie des Nachts aus dem Schlafe klingelte und ihr Silberhaar verlangte. Unsre gekrönten Pipelets konnten ruhig ihren Nachtschlaf genießen während der Herrschaft der Provisorischen Regierung in Frankreich –

Nein, unter den Helden dieser Tafelrunde glich keiner einem Napoleon, keiner von ihnen war jemals so unartig gewesen, die Schlacht von Marengo zu gewinnen, keiner von ihnen hatte die Impertinenz gehabt, bei Jena die Preußen zu schlagen, keiner von ihnen erlaubte sich bei Austerlitz oder bei Wagram irgendeinen Exzeß des Sieges, keiner von ihnen gewann die Schlacht bei den Pyramiden – Was man auch dem Herrn de Lamartine, dem Flügelmann der Februarhelden, vorwerfen mag, man kann ihm doch nicht nachsagen, daß er bei den Pyramiden die Mamelucken niedergemetzelt habe – Es ist wahr, er unternahm eine Reise in den Orient, und in Ägypten kam er den Pyramiden vorüber, von deren Spitze zirka vierzig Jahrhunderte ihn betrachten konnten, wenn sie wollten, doch auf die Pyramiden selbst machte der Anblick seiner berühmten Person keinen sonderlichen Eindruck, sie blieben unbewegt, sintemalen sie fast blasiert sind in bezug auf große Männer, deren größte ihnen zu Gesicht gekommen, z.B. Moses, Pythagoras, Plato, Julius Cäsar, Christus und Napoleon, welcher letztere auf einem Kamelritt – Es ist möglich, daß Herr de Lamartine ebenfalls auf einem Kamel durch das Niltal geritten, aber sicherlich hat er dort keine

Schlacht geliefert und keine Mamelucken verschluckt – Nein, dieser Kamelreuter war ein Chamäleon, aber kein Napoleon, er war kein Mameluckenfresser, er war immer zahm und sanftmäulig, und als er im Februar 1848 die Rolle eines provisorischen Löwen zu spielen hatte, brüllte er so zärtlich, so süßlich, so schmachtend, wie in der Shakespeareschen Komödie Snug der Tischler zu brüllen versprach, um nicht die Damen zu erschrecken – In den Kanzleien des Nordens erschrak wirklich niemand beim Empfang der melodischen Manifeste des neuen französischen ministre des affaires étrangères, den man mit Recht einen ministre étranger aux affaires nannte, und seine diplomatischen Meditationen und Harmonien belustigten sehr die Fürsten der absoluten Prosa –

In der Tat, diese letzteren waren sehr beruhigt über die Absichten des Löwen, welcher damals die Marseillaise des Friedens gezwitschert hatte, und sie waren vollkommen überzeugt, daß er kein Napoleon war, kein Kanonendonnergott, kein Gott des Blitzes, kein Blitz Gottes – Sie hatten vielleicht schon lange vor uns die Bemerkung gemacht, daß jener zweideutige Mann nicht bloß kein Blitz, sondern gerade das Gegenteil, nämlich ein Blitzableiter war, und sie begriffen, von welchem Nutzen ihnen ein solcher sein konnte zu einer Zeit, wo das ungeheuerlichste Volksgewitter das alte gotische Gesellschaftsgebäude zu zerschmettern drohte –

Nicht ich habe Herrn de Lamartine einen Blitzableiter genannt; er selbst hat sich das Brandmal dieses Namens aufgedrückt. Denn wie es allen Schwätzern ergeht, denen nie die Plappermühle stillesteht, entschlüpften ihm einst die naiven Worte: man beschuldige ihn, mit den Rädelsführern der republikanischen Partei gegen die Ordnung der Dinge konspiriert zu haben, ja, er habe mit ihnen konspiriert, aber wie der Blitzableiter mit dem Blitze konspiriere. Dieser falsche Bruder war bei all seiner Duplizität auch die Unfähigkeit selbst, und da er für einen Dichter gilt, so konnten jetzt wieder die prosaischen Weltleute darüber spötteln, was dabei herauskomme, wenn man einem Dichter die Staatsangelegenheiten anvertraue. Nein, ihr irrt euch; die großen Dichter waren oft auch große Staatsmänner; die Musen sind ganz unschuldig an der gouvernementalen Ineptie des zweideutigen Mannes, und es ist noch eine Frage, ob das überhaupt Poesie ist, was bei ihm die Franzosen bewundern. Seine Schönrednerei, seine brillante Suade erinnert viel mehr an einen Rhetor als einen Dichter. Soviel ist gewiß, der chantre d'Eloah sündigte nicht durch Überfluß an Poesie; er ist nur ein lyrischer Ehrgeizling, der uns in Versen immer gelangweilt und in Prosa düpiert hat.

Ich brauche wohl nicht besonders zu erörtern, daß erst am 20. Dezember 1852 das französische Volk die vollständige Genugtuung empfing, wodurch die alte Wunde seines gekränkten Nationalgefühls vernarben kann. Ich empfinde in tiefster Seele diesen Triumph, da ich einst die Niederlage so schmerzlich mitempfunden. Ich bin selbst ein Veteran, ein Krüppel mit beleidigtem Herzen, und begreife den Jubel armer Stelzfüße. Dazu habe ich auch die Schadenfreude, daß ich die Gedanken lese auf den Gesichtern unsrer alten Feinde, die gute Miene zum bösen Spiel machen. Es ist nicht ein neuer Mann, der jetzt auf dem französischen Thron sitzt, sondern derselbe Napoleon Bonaparte ist es, den die Heilige Allianz in die Acht erklärt hat, gegen den sie den Krieg geführt und den sie entsetzt und getötet zu haben behauptete: er lebt noch immer, regiert noch immer – denn wie einst der König im alten Frankreich nie starb, so stirbt im neuen Frankreich auch der Kaiser nicht – und eben indem er sich jetzt Napoleon III. nennen läßt, protestiert er gegen den Anschein, als habe er je aufgehört zu regieren, und indem die auswärtigen Mächte den heutigen Kaiser unter diesem Namen anerkannten, versöhnen sie das französische Nationalgefühl durch einen ebenso klugen wie gerechten Widerruf früherer Beleidigung.

Die Konsequenzen einer solchen Rehabilitation sind unendlich und werden gewiß heilsam sein für alle Völker Europas, namentlich für die Deutschen. Es ist nur schade, daß viele der alten Waterloo-Helden diese Zeit nicht erlebt. Ihr Achilles, der Herzog von Wellington, hatte davon schon einen Vorgeschmack, und bei dem letzten Waterloo-Dinner, das er mit seinen Myrmidonen am Jahrestag der Schlacht feierte, soll er miserabler und katzenjämmerlicher als je ausgesehen haben. Er ist auch bald hernach verreckt, und John Bull steht an seinem Grab, kratzt sich hinter den Ohren und brummt: »So hab ich mich nun umsonst in die ungeheure Schuldenlast gestürzt, die mich zwingt, wie ein Galeerensklave zu arbeiten – was nutzt mir jetzt die Schlacht bei Waterloo?« Ja, diese hat jetzt ihre frühere schnöde Bedeutung verloren, und Waterloo ist nur der Name einer verlorenen Schlacht, nichts mehr, nichts weniger, wie etwa Crécy und Azincourt oder, um deutsch zu reden, wie Jena und Austerlitz.

II

Je ne vis pas non plus M. Villemain; sa femme de ménage me dit qu'il n'était pas visible, parce que c'était un jeudi, le jour où il se lave. En descendant l'escalier, je vis en bas un écriteau avec l'inscription: »Parlez au concierge«, et je m'empressai d'adresser quelques paroles obligeantes à ce brave homme; je lui fis mon compliment sur la propreté de son illustre locataire qui se lave tous les jeudis. »Voyez-vous, lui dis-je, la propreté est une chose très rare chez les savants, et, par exemple, ce célèbre Casaubonus ne se lavait qu'une fois par an, le mardi gras, peut-être pour se déguiser.« Le pipelet me fit une profonde révérence, et d'une voix soupirante il me répondit: »Vous êtes très honnête, monsieur, je dois vous détromper. L'illustre individu que je m'honore de compter parmi mes locataires ne fait pas une trop grande consommation d'eau de Seine, il n'enrichit pas les Auvergnats, et, sous le rapport de la propreté, il est un peu Casaubonus.« A ces mots il se mit à rire, et moi je m'en allai en riant également sans savoir pourquoi. Pour me donner des allures françaises je me dandinais et je fredonnais l'air: »Où allez-vous, monsieur l'abbé? vous allez vous casser le nez«, lorsque sur mon chemin je vis surgir un grand édifice que l'on me dit être le Panthéon. Il y avait là également une inscription, mais en marbre, et au lieu d'un »Parlez au portier«, on y lisait: »Aux grands hommes la patrie reconnaissante«. En entrant jene vis qu'un énorme édifice plein de vide, une espèce de ballon en pierre, dans le milieu duquel se promenait tout seul un long et sec Anglais, ayant son »Guide de Paris« dans la bouche et les pouces de ses mains accrochés aux échancrures de son gilet. Je m'approchai de lui très poliment et lui dis: »A very fine exhibition!« j'ajoutai même »very fine indeed!« car j'espérais qu'en me répondant il laisserait son Guide tomber de sa bouche, comme dans la fable le corbeau laissa tomber de son bec le fromage. Mais le Guide dont je voulais m'emparer pour y chercher quelques renseignements ne tomba pas; le corbeau anglais tint ses dents serrées, et, sans faire la moindre attention à moi, il sortit. J'en fis de même, le suivant de près jusqu'au portique. Là, devant le péristyle, je remarquai la figure joufflue d'une grosse commère, d'une femme aux grandes mamelles, comme on représentait alors la déesse de la liberté. C'était probablement la portière du Panthéon. Il me sembla que la vue du fils d'Albion l'avait mise en très bonne humeur. En me faisant un signe d'intelligence, avec ses petits yeux qui pétillaient dans sa grosse face comme des vers luisants, elle se gaussa du pauvre Anglais, et j'entendis pour la première fois ce gros rire gaulois qu'on ne connaît pas chez nous, et qui est très bonasse et très moqueur à la fois, comme le vin généreux de France ou un chapitre de Rabelais. Rien n'est plus contagieux qu'une pareille hilarité, et moi-même je me mis à rire de bon cœur, comme je n'avais jamais ri dans mon pays. Pour entamer une conversation avec cette gaillarde et amusante personne, il me vint l'idée de lui demander où étaient les grands hommes dont parlait l'inscription de cet hôtel de la reconnaissance nationale. A cette question la bonne rieuse éclata d'un rire encore plus étourdissant, les larmes lui vinrent aux yeux, elle dut se tenir le ventre pour ne pas étouffer, et prenant haleine à chaque mot, elle répondit: »Ah! vous venez ici dans un mauvais moment. A l'heure qu'il est les grands hommes sont très rares chez nous: ils n'ont pas donné à la dernière récolte; mais nous espérons que la prochaine sera bien meilleure; nos grands hommes en herbe poussent d'une manière prodigieuse et promettent beaucoup. Si vous voulez voir ces grands hommes futurs, qui sont encore infiniment petits dans ce moment, vous n'avez qu'à vous rendre à un établissement situé tout près d'ici, sur le boulevard Montparnasse, et qu'on nomme la Grande Chaumière. Là est la pépinière dansante de ces petits grands hommes, de ces marmousets de la gloire qui seront un jour l'orgueil de la France et la joie du genre humain; vous tombez bien, car c'est aujourd'hui un jeudi ...« La folle rieuse n'en pouvait plus, et lorsque je pris congé d'elle pour m'acheminer vers l'endroit indiqué, j'entendis encore longtemps l'écho de sa gaieté.

En quelques minutes j'arrivai à ce Panthéon provisoire des futurs grands hommes de France, qu'on appelle la Grande Chaumière. C'est un nom auquel la pensée républicaine attache probablement une signification occulte, car le chaume est l'emblème de la vie frugale et laborieuse, et il devient le symbole de ces prolétaires qui démoliront les superbes palais de l'orgueil et du vice aristocratiques, pour élever à leur place le foyer des bonnes mœurs et de la vertu, la Grande Chaumière du peuple. J'entrai dans le sanctuaire de l'établissement qui porte le nom symbolique, et je ne regrette guère les dix sous payés à l'entrée. J'y vis en effet les grands hommes futurs de la France, ces petits grands hommes dont le front reflétait déjà l'aurore de leur gloire, je vis ces héros de l'avenir dont la vie et les hauts faits plus ou moins mirobolants seront décrits par un Plutarque qui est encore à naître, ou qui suce dans ce moment à la mamelle de sa mère, s'il n'est par hasard nourri au biberon. Tous ces personnages appartenaient à la cause républicaine, et portaient le costume d'une forte conviction, c'est-à-dire un énorme feutre et un gilet à la Robespierre avec des revers d'une largeur démesurée et aussi blanc que la conscience de l'Incorruptible! Chacun y était avec sa chacune, et les jeunes Jacobins dansaient avec leurs jeunes Jacobines. Il y avait des Caton en droit et des Brutus en médecine; il y avait des Sempronia exerçant la couture et des Portia giletières ou culottières, enfin la fine fleur du quartier des écoles. Ces grisettes citoyennes étaient très jolies et aussi vertueuses que permet de l'être le climat du pays latin; toutes sans exception étaient des républicaines enragées: on dit qu'elles changent souvent leurs amants, mais jamais leurs opinions. J'étais bien tombé, car ce jour-là le père Lahire, le directeur de l'établissement, pour ainsi dire le garde champêtre de cette grande Chaumière, était b........ colère, comme on disait au temps du Père Duchesne. Cet individu d'une force athlétique, et rageur par nature, m'amusa beaucoup par la brutalité naïve avec laquelle il surveillait la décence de son public. Une pauvre petite, dont le fichu s'était un peu dérangé dans la ferveur d'une contredanse, se sauva toute tremblante, à son seul regard menaçant. Il chassa honteusement une autre petite citoyenne, qu'il trouvait égalemen trop décolletée. Ce monstre ignorait qu'à Sparte les jeunes filles dansaient nues avec les jeunes gars lacédémoniens, sans que jamais la chasteté ait couru grand risque dans la ville de Lycurgue. C'est que la pudeur d'une femme est un rempart pour sa vertu, plus sûr que toutes les robes du monde, quelque peu échancrées qu'elles soient au-dessus de la gorge. Le père Lahire est la terreur en personne pour les danseurs qui outrepassent les bornes d'un cancan honnête. Il empoigna deux néo-Robespierre par leurs collets, et tenant avec ses longues mains chacun d'eux suspendu au-dessus du sol, comme jadis Hercule fit avec Antée, il les porta ainsi jusqu'au delà de la porte; il jeta après eux un petit Saint-Just, qui avait marronné à la vue de cet acte de tyrannie. Celui-ci se releva, décrotta sa redingote, redressa sa haute cravate, et protesta contre cette violation des droits de l'homme, en nommant le père Lahire un Polignac. L'orchestre jouait dans ce moment la Marseillaise.

Je dus à cet incident la connaissance d'une jeune personne qui se trouvait à côté de moi, et que je protégeais contre la foule curieuse. Elle était très mignonne, sa bouche était en cœur, ses yeux noirs étaient presque trop grands, et il y avait quelque chose de mutin dans la coupe de son nez retroussé, dont les narines finement ciselées se gonflaient de plaisir à chaque fanfare de la musique. On l'appelait mademoiselle Joséphine, ou Joséphine et même Fifine tout court. Lorsqu'elle apprit que j'étais Allemand, elle fut très contente, et me pria de lui faire cadeau d'une peau d'ours, car depuis des années, disait-elle, elle désirait posséder une peau d'ours pour en faire une descente de lit; que c'était son rêve! Elle me croyait plus septentrional que je ne l'étais, et probablement ces dames s'imaginent que dans mon pays on n'a qu'à étendre la main pour saisir un ours au collet et faire bonne prise de sa peau. Elle était si insouciante, son sourire était si caressant, son petit parler était si doux, son gazouillement résonnait si délicieusement dans mon cœur, que j'aurais très volontiers, quelque bon patriote que je sois, sacrifié les peaux de tous les ours d'Allemagne pour plaire à cette enchanteresse française. Je notai tout de suite sa demande sur mon carnet, et en prenant son adresse je lui promis qu'elle me verrait bientôt arriver chez elle avec ma peau d'ours allemande. En attendant je la priai de me faire l'honneur d'accepter de moi un fruit plus méridional, c'est-à-dire une orange. Elle accepta sans cérémonie, en disant qu'après les pieds de cochon à la Sainte-Menehould, ce qu'elle aimait le plus, c'étaient les oranges. »Mais pour ceux-là, les pieds de cochon, ajouta-t-elle, je les adore, je les idolâtre, et pour ce plat je ferais des bassesses.« Pendant que mademoiselle Joséphine mangeait et savourait son orange, ou pour employer sa propre locution, pendant qu'elle s'identifiait avec elle, je tâchai de l'entretenir d'une manière aussi agréable qu'instructive. A propos des peaux d'ours je lui parlai zoologie, j'abordai même la question la plus scabreuse de l'anatomie comparée, le question de la queue, à savoir si l'homme primitif a été doué d'une queue comme les singes, et si la race humaine a plus tard perdu cet ornement antédiluvien par quelque maladie plus ou moins honorable. Mademoiselle Joséphine fut émerveillée de ma grande érudition, et à plusieurs reprises elle me dit: »Monsieur, vous irez loin!« Je ne doute pas qu'elle ne m'ait donné un bon coup d'épaule, en faisant la propagande de mes talents dans tout le faubourg Saint-Jacques et les rues adjacentes. C'est par les femmes que les réputations se font à Paris.

Quelque grande que soit ma gratitude envers elle, je suis pourtant forcé d'avouer avec franchise que dans mon entretien avec mademoiselle Joséphine je m'aperçus que la pauvre fille était très ignorante, et qu'elle ne connaissait même pas les notions ethnographiques les plus élémentaires. Elle ignorait, par exemple, que la ville de Hambourg est une république comme autrefois Athènes, et qu'elle est située près d'Altona, où se trouve le tombeau de Klopstock. Elle ne savait guère non plus quelle différence il y a entre les Prussiens et les Russes, entre la schlague et le knout. Elle s'imaginait que l'astronomie était une invention de M. Arago, et quand je lui appris que la terre, le globe que nous habitons, tourne continuellement autour du soleil, elle s'écria: »Quelle horreur! la seule idée d'un tel tournoiement me donne le vertige!« Son corps grêle et délicat frémit comme un tremble, et elle reprit: »Qui vous a donc dit que la terre tourne autour du soleil!« Quand je répondis que c'était un Polonais nommé Copernic, elle haussa les épaules et s'écria: »Un Polonais? alors je n'en crois pas un mot. Il faut toujours se méfier de ce que disent les Polonais; ils n'ont pas inventé la vérité. Vous autres Allemands, avec votre profond savoir, vous êtes trop crédules. Est-ce que chez vous les femmes aussi croient à ces billevesées d'un tournoiement de la terre qui font en même temps tourner le cœur? alors elles sont probablement moins nerveuses que nous, Françaises, et elles peuvent aussi, pour cette raison, supporter des études plus fortes; on m'a dit que les Allemandes sont mille fois plus instruites que nous, et qu'elles savent par cœur toutes les momies d'Égypte. En vérité, nous autres jeunes personnes en France sommes mal éduquées, nous n'apprenons rien du tout, et moi qui vous parle, voyez-vous, je n'ai reçu aucune instruction: tout ce que je sais de l'histoire naturelle je l'ai appris de moi-même.«

En flatteur galant je taxai d'exagération ces aveux d'ignorance nationale, et j'allai même jusqu'à rabaisser un peu outre mesure l'instruction des demoiselles allemandes. Je soutins qu'elle n'était pas aussi parfaite qu'on se le figure à l'étranger qu'elle était même très défectueuse, et que, par exemple, j'avais vu dans ma patrie des jeunes filles soi-disant bien élevées qui ne savaient pas chanter les chansons grivoises de Béranger! »C'est impossible!« s'écria mademoiselle Joséphine.

Je me souviens aujourd'hui, à propos de cette excellente personne, des paroles de Méphistophélès qui, en faisant boire à Faust de la coupe enchantée, lui dit: »Avec ce breuvage dans le ventre, tu prendras chaque cotillon pour une Hélène.« La nouveauté du genre est le philtre qui opère le même charme sur tout Allemand nouveau débarqué à Paris. Il raffole du minois de la première grisette venue, comme il est ravi de la cuisine du plus mauvais gargotier du Palais Royal où l'on dîne à deux francs par tête. Mais ce sont pour lui de nouveaux mets avec des sauces étrangères. Plus tard on a des nausées en se rappelant d'avoir avalé cette ratatouille équivoque et ultra-épicée; car nous avons dîné depuis dans des restaurants de bonne compagnie, avec des dames de bonne compagnie, et nous y avons appris à apprécier ces plats à la fois piquants et simples qui sont cuits à point, arrangés avec art, parfois un peu faisandés, mais toujours d'un goût exquis.

Le soir du même jour que j'avais visité la Grande Chaumière, où je vis les grands hommes de France encore dans l'état embryonique, un de mes compatriotes qui était déjà répandu dans le monde, m'introduisit dans un local qui avait quelque analogie avec celui dont je viens de parler. Le sexe féminin y était en majorité. C'est là que je fis la connaissance d'un grand homme qui alors était arrivé à l'apogée de sa grandeur. Depuis, sa célébrité a baissé, mais en France rien n'est stable, et les grands hommes s'éclipsent bien vite; ils arrivent pour disparaître.

Ich sah auch nicht Herrn Villemain; seine Wirtschafterin sagte mir, daß er nicht zu sehen sei, weil Donnerstag wäre und er sich donnerstags wasche. Als ich die Treppe hinunterstieg, sah ich unten ein Schild mit der Aufschrift: »Bitte sich an den Pförtner zu wenden«, und ich beeilte mich, an diesen braven Mann einige verbindliche Worte zu richten; ich beglückwünschte ihn zu der Sauberkeit seines berühmten Mieters, der sich jeden Donnerstag wäscht. »Sehen Sie«, sagte ich zu ihm, »die Sauberkeit ist bei den Gelehrten eine sehr seltene Sache, und jener berühmte Casaubonus zum Beispiel wusch sich nur einmal im Jahr, zur Fastnacht, vielleicht um sich zu verkleiden.« Der Pförtner machte eine tiefe Verbeugung und antwortete mit klagender Stimme: »Sie sind sehr ehrenwert, mein Herr, ich muß Sie enttäuschen. Die berühmte Persönlichkeit, die zu meinen Mietern zu zählen ich die Ehre habe, hat keinen allzu großen Verbrauch an Seinewasser, sie bereichert die Auvergnaten nicht und ist bezüglich der Sauberkeit ein wenig Casaubonus.« Bei diesen Worten begann er zu lachen, und ich ging fort und lachte gleichfalls, ohne zu wissen warum. Um mir französische Allüren zu geben, wiegte ich mich in den Hüften und summte die Melodie: »Wohin gehen Sie, Herr Abbé? Sie werden sich die Nase brechen«, als ich auf meinem Wege ein großes Gebäude auftauchen sah, das das Pantheon sein sollte, wie man mir sagte. Auch dort war eine Inschrift zu lesen, aber in Marmor, und anstelle eines »Bitte sich an den Pförtner zu wenden« las man: »Den großen Männern das dankbare Vaterland.« Als ich eintrat, sah ich nur ein riesiges Gebäude, das mit Leere angefüllt war, eine Art von steinernem Ballon, in dessen Mitte ganz allein ein langer und trockener Engländer umherspazierte, der seinen »Führer durch Paris« im Munde hatte und die Daumen seiner Hände in die Ärmelausschnitte seiner Weste eingehängt hatte. Ich näherte mich, ihm sehr höflich und sagte: »A very fine exhibition!«, ich fügte sogar hinzu: »Very fine indeed!«; denn ich hoffte, daß er seinen Reiseführer aus dem Munde fallen lassen würde, wenn er mir antwortete, wie der Rabe in der Fabel den Käse aus seinem Schnabel fallen ließ. Doch der Reiseführer, dessen ich mich bemächtigen wollte, um darin einige Auskünfte zu suchen, fiel nicht; die Zähne des englischen Raben blieben zusammengepreßt, und ohne mir die geringste Aufmerksamkeit zu schenken, ging er hinaus. Ich tat das gleiche und folgte ihm auf dem Fuße bis zur Säulenhalle. Dort, vor dem Peristyl, bemerkte ich das pausbäckige Gesicht einer dicken Gevatterin, einer großbusigen Frau, wie man damals die Göttin der Freiheit darstellte. Das war wahrscheinlich die Türsteherin des Pantheons. Der Anblick von Albions Sohn schien sie in sehr gute Laune versetzt zu haben. Indem sie mir mit ihren kleinen Augen, die in ihrem dicken Gesicht wie Glühwürmchen schimmerten, ein Zeichen des Einverständnisses zublinkerte, machte sie sich über den armen Engländer lustig, und ich hörte zum erstenmal jenes derbe gallische Lachen, das man bei uns nicht kennt und das zugleich sehr gutmütig und sehr spöttisch ist, wie der edle französische Wein oder ein Kapitel von Rabelais. Nichts ist ansteckender als eine solche Heiterkeit, und ich selbst begann herzlich zu lachen, wie ich niemals in meiner Heimat gelacht hatte. Um mit dieser munteren und amüsanten Person ein Gespräch anzuknüpfen, kam mir der Gedanke, sie zu fragen, wo die großen Männer wären, von denen die Inschrift dieses Hauses der nationalen Dankbarkeit sprach. Bei dieser Frage brach die gute Lacherin in ein noch betäubenderes Lachen aus, die Tränen traten ihr in die Augen, sie mußte sich den Bauch halten, um nicht zu ersticken, und während sie bei jedem Wort nach Luft schnappte, erwiderte sie: »Ah! Sie kommen in einem schlechten Augenblick. Zur Zeit sind die großen Männer bei uns sehr rar: die letzte Ernte hat nichts eingebracht; wir hoffen aber, daß die nächste weit besser sein wird; unsere künftigen großen Männer wachsen gewaltig heran und verheißen viel. Wenn Sie diese großen Männer der Zukunft, die augenblicklich noch unendlich klein sind, sehen wollen, dann brauchen Sie sich nur in ein Etablissement zu begeben, das hier ganz in der Nähe liegt, auf dem Boulevard Montparnasse, und das man die Grande Chaumière nennt. Dort ist die tanzende Pflanzstätte jener kleinen großen Männer, jener Knirpse des Ruhms, die eines Tages der Stolz Frankreichs und die Freude des Menschengeschlechts sein werden; Sie kommen gerade recht, denn heute ist Donnerstag ...« Die närrische Lacherin konnte nicht mehr, und als ich mich von ihr verabschiedete, um mich zu dem angegebenen Ort auf den Weg zu machen, hörte ich noch lange das Echo ihrer Heiterkeit.

In wenigen Minuten langte ich bei jenem provisorischen Pantheon der künftigen großen Männer Frankreichs an, das man die Grande Chaumière nennt. Das ist ein Name, dem der republikanische Gedanke wahrscheinlich eine geheime Bedeutung beimißt, denn der Strohhalm ist das Sinnbild einfachen und arbeitsamen Lebens, und er wird das Symbol jener Proletarier, die die stolzen Paläste des aristokratischen Hochmuts und Lasters zerstören werden, um an ihrer Stelle das Haus der guten Sitten und der Tugend, die Grande Chaumière des Volkes, zu errichten. Ich betrat das Heiligtum des Etablissements mit dem symbolischen Namen, und die zehn Sous, die ich am Eingang zahlte, tun mir nicht leid. Ich sah dort tatsächlich die künftigen großen Männer Frankreichs, jene kleinen großen Männer, auf deren Stirn bereits ein Abglanz der Morgenröte ihres Ruhmes lag, ich sah jene Helden der Zukunft, deren Leben und mehr oder weniger erstaunliche Heldentaten ein Plutarch beschreiben wird, der noch geboren werden muß oder der in diesem Augenblick an der Brust seiner Mutter saugt, wenn er nicht

174

zufällig mit der Flasche ernährt wird. All diese Personen hatten sich der republikanischen Sache verschrieben und trugen das Gewand einer starken Überzeugung, das heißt einen riesigen Filzhut und eine Weste à la Robespierre mit Aufschlägen, die übermäßig breit und so rein waren wie das Gewissen des Unbestechlichen! Jeder war dort mit seiner jeden, und die jungen Jakobiner tanzten mit ihren jungen Jakobinerinnen. Man sah dort Catonen der Jurisprudenz und Brutusse der Medizin; Sempronias, die die Schneiderei betrieben, und Portias, die Westen oder Hosen nähten, kurz: die Blüte des Studentenviertels. Diese Grisetten-Bürgerinnen waren sehr hübsch und so tugendhaft, wie es das Klima des lateinischen Landes zu sein erlaubt; alle waren ausnahmslos erbitterte Republikanerinnen: es heißt, daß sie häufig ihre Liebhaber wechselten, doch niemals ihre Ansichten. Ich war zur rechten Zeit gekommen, denn an jenem Tage war der Vater Lahire, der Direktor des Etablissements, sozusagen der Feldhüter dieser großen Chaumière, verfl... wütend, wie man zur Zeit des Père Duchesne sagte. Dieses Individuum, von athletischer Kraft und von Natur jähzornig, amüsierte mich sehr durch die naive Brutalität, mit der er den Anstand seines Publikums überwachte. Eine arme Kleine, deren Busentuch im Eifer eines Kontertanzes ein wenig in Unordnung geraten war, flüchtete zitternd und bebend bei seinem bloßen drohenden Blick. Eine andere kleine Bürgerin, die gleichfalls zu tief dekolletiert war, verjagte er schimpflich. Dieses Ungeheuer wußte nicht, daß die jungen Mädchen in Sparta nackt mit den jungen lakedämonischen Burschen tanzten, ohne daß in der Stadt des Lykurg die Keuschheit jemals in große Gefahr geraten wäre. Die Züchtigkeit einer Frau ist nämlich ein Schutzwall ihrer Tugend, sicherer als alle Kleider der Welt, sowenig ausgeschnitten sie über dem Busen auch sein mögen. Der Vater Lahire ist der personifizierte Schrecken für die Tänzer, die die Grenzen eines sittsamen Cancan überschreiten. Er packte zwei Neo-Robespierres an ihren Kragen, hielt sie mit seinen beiden langen Armen über dem Boden in der Schwebe, wie es einstmals Herkules mit Antäus machte, und schleppte sie so zur Tür hinaus; einen kleinen Saint-Just, der sich beim Anblick dieses Aktes der Tyrannei mausig gemacht hatte, schmiß er ihnen nach. Dieser erhob sich wieder, putzte seinen Rock ab, rückte seine hohe Krawatte zurecht und protestierte gegen diese Vergewaltigung der Menschenrechte, wobei er den

Vater Lahire einen Polignac nannte. Das Orchester spielte in diesem Augenblick die Marseillaise.

Diesem Zwischenfall verdankte ich die Bekanntschaft einer jungen Person, die sich an meiner Seite befand und die ich vor der neugierigen Menge schützte. Sie war allerliebst, ihr Mund war herzförmig, ihre schwarzen Augen waren fast zu groß, und es lag etwas Eigensinniges im Schnitt ihrer Stupsnase, deren feingeschwungene Flügel sich bei jedem Tusch der Musik vor Vergnügen blähten. Man nannte sie Mademoiselle Joséphine oder Joséphine und sogar einfach Fifine. Als sie erfuhr, daß ich Deutscher sei, war sie sehr zufrieden und bat mich, ihr ein Bärenfell zu schenken, denn seit Jahren, sagte sie, wünschte sie sich, ein Bärenfell zu besitzen, um daraus einen Bettvorleger zu machen; welch ein Wunschtraum! Sie hielt mich für nördlicher, als ich war, und wahrscheinlich bilden sich diese Damen ein, daß man in meiner Heimat nur die Hand auszustrecken braucht, um einen Bären am Schlafittchen zu packen und mit seinem Fell einen guten Fang zu machen. Sie war so unbekümmert, ihr Lächeln war so einschmeichelnd, ihr niedliches Geschwätz so süß, ihr Gekicher klang so köstlich in meinem Herzen wider, daß ich sehr gern, ein so guter Patriot ich auch sein mag, die Felle aller deutschen Bären geopfert hätte, um dieser französischen Zauberin zu gefallen. Ich trug ihre Bitte sogleich in mein Notizbuch ein, und als ich ihre Adresse erhielt, versprach ich ihr, daß ich mich mit meiner deutschen Bärenhaut bald bei ihr einstellen würde. Unterdessen bat ich sie, mir die Ehre zu erweisen, eine südlichere Frucht, nämlich eine Orange, von mir anzunehmen. Sie nahm ohne weiteres an, wobei sie sagte, daß ihr die Orangen gleich nach den Schweinsfüßen à la Sainte-Menehould das liebste wären. »Was aber die Schweinsfüße anlangt«, fügte sie hinzu, »so liebe ich sie leidenschaftlich, ich vergöttere sie, und für dieses Gericht würde ich Niederträchtigkeiten begehen.« Während Mademoiselle Joséphine genießerisch ihre Orange verzehrte oder, um ihre eigene Redewendung zu gebrauchen, während sie sich mit ihr identifizierte, bemühte ich mich, sie auf so angenehme wie lehrreiche Art zu unterhalten. In Zusammenhang mit den Bärenfellen sprach ich zu ihr über Zoologie, ich berührte sogar die heikelste Frage der vergleichenden Anatomie, die Frage des Schwanzes, ob nämlich der primitive Mensch wie die Affen mit einem Schwanz ausgestattet gewesen sei und ob die menschliche Rasse diese vorsintflutliche Zierde

176

durch eine mehr oder weniger ehrenhafte Krankheit verloren habe. Mademoiselle Joséphine war über meine große Gelehrsamkeit aufs höchste verwundert, und mehrmals sagte sie zu mir: »Sie werden es weit bringen, Monsieur!« Ich zweifle nicht, daß sie mir unter die Arme gegriffen hat, als sie für meine Talente im ganzen Faubourg Saint-Jacques und den angrenzenden Straßen Reklame machte. In Paris verdankt man sein Ansehen den Frauen.

Wie groß auch meine Dankbarkeit ihr gegenüber sein mag, so muß ich dennoch freimütig gestehen, daß ich während meiner Unterhaltung mit Mademoiselle Josephine bemerkte, daß das arme Mädchen sehr unwissend war und daß sie nicht einmal die elementarsten ethnographischen Begriffe kannte. Sie wußte zum Beispiel nicht, daß die Stadt Hamburg eine Republik ist wie einst Athen und daß sie in der Nähe von Altona liegt, wo sich das Grab Klopstocks befindet. Sie wußte auch kaum, welcher Unterschied zwischen Preußen und Russen, zwischen Stockschlägen und Knutenhieben besteht. Sie bildete sich ein, daß die Astronomie eine Erfindung des Herrn Arago sei, und als ich ihr beibrachte, daß die Erde, der Erdball, auf dem wir wohnen, unausgesetzt um die Sonne kreist, rief sie aus: »Wie schrecklich! Der bloße Gedanke eines solchen Gedrehes macht mich schwindlig!« Ihr dünner, zarter Körper schauderte wie eine Zitterpappel, und sie fuhr fort: »Wer hat Ihnen denn gesagt, daß die Erde um die Sonne kreist!« Als ich erwiderte, daß es ein Pole war namens Kopernikus, zuckte sie die Schultern und rief: »Ein Pole? Dann glaube ich kein Wort davon. Man muß dem, was die Polen sagen, immer mißtrauen; sie haben die Wahrheit nicht erfunden. Ihr Deutschen mit eurer tiefen Gelehrsamkeit seid zu gutgläubig. Glauben bei euch auch die Frauen an diese Hirngespinste von einer Umdrehung der Erde, bei der sich zugleich das Innere umdreht? Dann sind sie wahrscheinlich weniger nervös als wir Französinnen und können aus diesem Grunde auch schwierigere Studien ertragen; man sagte mir, daß die deutschen Frauen tausendmal gelehrter sind als wir und daß sie alle ägyptischen Mumien auswendig kennen. Tatsächlich sind wir jungen Mädchen in Frankreich schlecht erzogen, wir lernen überhaupt nichts, und ich, die ich mit Ihnen spreche, sehen Sie, ich habe keinerlei Unterricht gehabt: alles, was ich von der Naturgeschichte weiß, habe ich von mir selbst gelernt.«

Als galanter Schmeichler hielt ich diese Geständnisse nationaler Unwissenheit für Übertreibung, und ich ging sogar so weit, die Bildung der deutschen Fräuleins etwas über Gebühr herabzusetzen. Ich behauptete, daß sie nicht so vollkommen sei, wie man sie sich im Ausland vorstellt, daß sie sogar sehr unvollkommen sei und daß ich zum Beispiel in meinem Vaterlande sogenannte guterzogene junge Mädchen gesehen hätte, die nicht die kecken Lieder Bérangers singen konnten! »Unmöglich!« rief Mademoiselle Josephine aus.

Ich erinnere mich heute im Zusammenhang mit dieser ausgezeichneten Person der Worte des Mephistopheles, der, als er Faust aus dem Zauberbecher trinken ließ, zu ihm sagte: »Du siehst mit diesem Trank im Leibe bald Helenen in jedem Weibe.« Die Neuheit der Gattung ist der Liebestrank, der auf jeden frisch in Paris gelandeten Deutschen den gleichen Zauber ausübt. Er ist in das niedliche Frätzchen der ersten besten Grisette genauso vernarrt, wie ihn die Küche des übelsten Garkochs vom Palais Royal entzückt, wo man für zwei Franken pro Kopf diniert. Aber für ihn sind es neue Gerichte mit ausländischen Saucen. Späterhin erregt es einem Übelkeit, wenn man sich daran erinnert, daß man diesen unbestimmbaren und übermäßig gewürzten Mischmasch hinuntergeschluckt hat; denn inzwischen haben wir in feinen Restaurants mit feinen Damen diniert, und dort haben wir die so pikanten wie einfachen Gerichte zu schätzen gelernt, die, gar gekocht und kunstvoll angerichtet, manchmal ein wenig nach Wild riechen, dabei aber stets köstlich schmecken.

Am Abend desselben Tages, an dem ich die Grande Chaumière besucht hatte, wo ich die großen Männer Frankreichs noch im Embryonalzustand sah, führte mich einer meiner Landsleute, der in der Gesellschaft bereits bekannt war, in ein Lokal ein, das mit demjenigen, von dem ich soeben gesprochen habe, einige Ähnlichkeit aufwies. Das weibliche Geschlecht war in der Überzahl. Hier machte ich die Bekanntschaft eines großen Mannes, der damals auf dem Gipfel seiner Größe angelangt war. Seitdem hat seine Berühmtheit nachgelassen, aber in Frankreich ist nichts beständig, und die großen Männer tauchen sehr schnell unter; sie kommen nur, um wieder zu verschwinden.

Memoiren

Ich habe in der Tat, teure Dame, die Denkwürdigkeiten meiner Zeit, insofern meine eigene Person damit als Zuschauer oder als Opfer in Berührung kam, so wahrhaft und getreu als möglich aufzuzeichnen gesucht.

Diese Aufzeichnungen, denen ich selbstgefällig den Titel »Memoiren« verlieh, habe ich jedoch schier zur Hälfte wieder vernichten müssen, teils aus leidigen Familienrücksichten, teils auch wegen religiöser Skrupeln.

Ich habe mich seitdem bemüht, die entstandenen Lakunen notdürftig zu füllen, doch ich fürchte, postume Pflichten oder ein selbstquälerischer Überdruß zwingen mich, meine Memoiren vor meinem Tode einem neuen Autodafé zu überliefern, und was alsdann die Flammen verschonen, wird vielleicht niemals das Tageslicht der Öffentlichkeit erblicken.

Ich nehme mich wohl in acht, die Freunde zu nennen, die ich mit der Hut meines Manuskriptes und der Vollstreckung meines Letzten Willens in bezug auf dasselbe betraue; ich will sie nicht nach meinem Ableben der Zudringlichkeit eines müßigen Publikums und dadurch einer Untreue an ihrem Mandat bloßstellen.

Eine solche Untreue habe ich nie entschuldigen können; es ist eine unerlaubte und unsittliche Handlung, auch nur eine Zeile von einem Schriftsteller zu veröffentlichen, die er nicht selber für das große Publikum bestimmt hat. Dieses gilt ganz besonders von Briefen, die an Privatpersonen gerichtet sind. Wer sie drucken läßt oder verlegt, macht sich einer Felonie schuldig, die Verachtung verdient.

Nach diesen Bekenntnissen, teure Dame, werden Sie leicht zur Einsicht gelangen, daß ich Ihnen nicht, wie Sie wünschen, die Lektüre meiner Memoiren und Briefschaften gewähren kann.

Jedoch, ein Höfling Ihrer Liebenswürdigkeit, wie ich es immer war, kann ich Ihnen kein Begehr unbedingt verweigern, und um meinen guten Willen zu bekunden, will ich in anderer Weise die holde Neugier stillen, die aus einer liebenden Teilnahme an meinen Schicksalen hervorgeht.

Ich habe die folgenden Blätter in dieser Absicht niedergeschrieben, und die biographischen Notizen, die für Sie ein Interesse haben, finden

Sie hier in reichlicher Fülle. Alles Bedeutsame und Charakteristische ist hier treuherzig mitgeteilt, und die Wechselwirkung äußerer Begebenheiten und innerer Seelenereignisse offenbart Ihnen die Signatura meines Seins und Wesens. Die Hülle fällt ab von der Seele, und du kannst sie betrachten in ihrer schönen Nacktheit. Da sind keine Flecken, nur Wunden. Ach! und nur Wunden, welche die Hand der Freunde, nicht die der Feinde geschlagen hat!

Die Nacht ist stumm. Nur draußen klatscht der Regen auf die Dächer und ächzet wehmütig der Herbstwind.

Das arme Krankenzimmer ist in diesem Augenblick fast wohllustig heimlich, und ich sitze schmerzlos im großen Sessel.

Da tritt dein holdes Bild herein, ohne daß sich die Türklinke bewegt, und du lagerst dich auf das Kissen zu meinen Füßen. Lege dein schönes Haupt auf meine Knie und horche, ohne aufzublicken.

Ich will dir das Märchen meines Lebens erzählen.

Wenn manchmal dicke Tropfen auf dein Lockenhaupt fallen, so bleibe dennoch ruhig; es ist nicht der Regen, welcher durch das Dach sickert. Weine nicht und drücke mir nur schweigend die Hand.

*

Welch ein erhabenes Gefühl muß einen solchen Kirchenfürsten beseelen, wenn er hinabblickt auf den wimmelnden Marktplatz, wo Tausende entblößten Hauptes mit Andacht vor ihm niederkniend seinen Segen erwarten!

In der italienischen Reisebeschreibung des Hofrats Moritz las ich einst eine Beschreibung jener Szene, wo ein Umstand vorkam, der mir ebenfalls jetzt in den Sinn kommt.

Unter dem Landvolk, erzählt Moritz, das er dort auf den Knien liegen sah, erregte seine besondere Aufmerksamkeit einer jener wandernden Rosenkranzhändler des Gebirges, die aus einer braunen Holzgattung die schönsten Rosenkränze schnitzen und sie in der ganzen Romagna um so teurer verkaufen, da sie denselben an obenerwähntem Feiertage vom Papste selbst die Weihe zu verschaffen wissen.

Mit der größten Andacht lag der Mann auf den Knien, doch den breitkrempigen Filzhut, worin seine Ware, die Rosenkränze, befindlich, hielt er in die Höhe, und während der Papst mit ausgestreckten Händen

den Segen sprach, rüttelte jener seinen Hut und rührte darin herum, wie Kastanienverkäufer zu tun pflegen, wenn sie ihre Kastanien auf dem Rost braten; gewissenhaft schien er dafür zu sorgen, daß die Rosenkränze, die unten im Hut lagen, auch etwas von dem päpstlichen Segen abbekämen und alle gleichmäßig geweiht würden.

Ich konnte nicht umhin, diesen rührenden Zug von frommer Naivetät hier einzuflechten, und ergreife wieder den Faden meiner Geständnisse, die alle auf den geistigen Prozeß Bezug haben, den ich später durchmachen mußte.

Aus den frühesten Anfängen erklären sich die spätesten Erscheinungen. Es ist gewiß bedeutsam, daß mir bereits in meinem dreizehnten Lebensjahr alle Systeme der freien Denker vorgetragen wurden, und zwar durch einen ehrwürdigen Geistlichen, der seine sazerdotalen Amtspflichten nicht im geringsten vernachlässigte, so daß ich hier frühe sah, wie ohne Heuchelei Religion und Zweifel ruhig nebeneinandergingen, woraus nicht bloß in mir der Unglauben, sondern auch die toleranteste Gleichgültigkeit entstand.

Ort und Zeit sind auch wichtige Momente: ich bin geboren zu Ende des skeptischen achtzehnten Jahrhunderts und in einer Stadt, wo zur Zeit meiner Kindheit nicht bloß die Franzosen, sondern auch der französische Geist herrschte.

Die Franzosen, die ich kennenlernte, machten mich, ich muß es gestehen, mit Büchern bekannt, die sehr unsauber und mir ein Vorurteil gegen die ganze französische Literatur einflößten.

Ich habe sie auch später nie so sehr geliebt, wie sie es verdient, und am ungerechtesten blieb ich gegen die französische Poesie, die mir von Jugend an fatal war.

Daran ist wohl zunächst der vermaledeite Abbé d'Aulnoi schuld, der im Lyzeum zu Düsseldorf die französische Sprache dozierte und mich durchaus zwingen wollte, französische Verse zu machen. Wenig fehlte, und er hätte mir nicht bloß die französische, sondern die Poesie überhaupt verleidet.

Der Abbé d'Aulnoi, ein emigrierter Priester, war ein ältliches Männchen mit den beweglichsten Gesichtsmuskeln und mit einer braunen Perücke, die, sooft er in Zorn geriet, eine sehr schiefe Stellung annahm.

Er hatte mehrere französische Grammatiken sowie auch Chrestomathien, worin Auszüge deutscher und französischer Klassiker, zum Übersetzen für seine verschiedenen Klassen geschrieben; für die oberste veröffentlichte er auch eine »Art oratoire« und eine »Art poétique«, zwei Büchlein, wovon das erstere Beredsamkeitsrezepte aus Quintilian enthielt, angewendet auf Beispiele von Predigten Fléchiers, Massillons, Bourdaloues und Bossuets, welche mich nicht allzusehr langweilten. –

Aber gar das andere Buch, das die Definitionen von der Poesie: l'art de peindre par les images, den faden Abhub der alten Schule von Batteux, auch die französische Prosodie und überhaupt die ganze Metrik der Franzosen enthielt, welch ein schrecklicher Alp!

Ich kenne auch jetzt nichts Abgeschmackteres als das metrische System der französischen Poesie, dieser art de peindre par les images, wie die Franzosen dieselbe definieren, welcher verkehrte Begriff vielleicht dazu beiträgt, daß sie immer in die malerische Paraphrase geraten.

Ihre Metrik hat gewiß Prokrustes erfunden; sie ist eine wahre Zwangsjacke für Gedanken, die bei ihrer Zahmheit gewiß nicht einer solchen bedürfen. Daß die Schönheit eines Gedichtes in der Überwindung der metrischen Schwierigkeiten bestehe, ist ein lächerlicher Grundsatz, derselben närrischen Quelle entsprungen. Der französische Hexameter, dieses gereimte Rülpsen, ist mir wahrhaft ein Abscheu. Die Franzosen haben diese widrige Unnatur, die weit sündhafter als die Greuel von Sodom und Gomorrha, immer selbst gefühlt, und ihre guten Schauspieler sind darauf angewiesen, die Verse so sakkadiert zu sprechen, als wären sie Prosa – warum aber alsdann die überflüssige Mühe der Versifikation?

So denk ich jetzt, und so fühlt ich schon als Knabe, und man kann sich leicht vorstellen, daß es zwischen mir und der alten braunen Perücke zu offnen Feindseligkeiten kommen mußte, als ich ihm erklärte, wie es mir rein unmöglich sei, französische Verse zu machen. Er sprach mir allen Sinn für Poesie ab und nannte mich einen Barbaren des Teutoburger Waldes.

Ich denke noch mit Entsetzen daran, daß ich aus der Chrestomathie des Professors die Anrede des Kaiphas an den Sanhedrin aus den Hexametern der Klopstockschen »Messiade« in französische Alexandriner übersetzen sollte! Es war ein Raffinement von Grausamkeit, die alle Passionsqualen des Messias selbst übersteigt und die selbst dieser nicht ruhig erduldet hätte. Gott verzeih, ich verwünschte die Welt und die fremden Unterdrücker, die uns ihre Metrik aufbürden wollten, und ich war nahe dran, ein Franzosenfresser zu werden.

Ich hätte für Frankreich sterben können, aber französische Verse machen – nimmermehr!

Durch den Rektor und meine Mutter wurde der Zwist beigelegt. Letztere war überhaupt nicht damit zufrieden, daß ich Verse machen lernte, und seien es auch nur französische. Sie hatte nämlich damals die größte Angst, daß ich ein Dichter werden möchte; das wäre das Schlimmste, sagte sie immer, was mir passieren könne.

Die Begriffe, die man damals mit dem Namen Dichter verknüpfte, waren nämlich nicht sehr ehrenhaft, und ein Poet war ein zerlumpter, armer Teufel, der für ein paar Taler ein Gelegenheitsgedicht verfertigt und am Ende im Hospital stirbt.

Meine Mutter aber hatte große, hochfliegende Dinge mit mir im Sinn, und alle Erziehungspläne zielten darauf hin. Sie spielte die Hauptrolle in meiner Entwickelungsgeschichte, sie machte die Programme aller meiner Studien, und schon vor meiner Geburt begannen ihre Erziehungspläne. Ich folgte gehorsam ihren ausgesprochenen Wünschen, jedoch gestehe ich, daß sie schuld war an der Unfruchtbarkeit meiner meisten Versuche und Bestrebungen in bürgerlichen Stellen, da dieselben niemals meinem Naturell entsprachen, Letzteres, weit mehr als die Weltbegebenheiten, bestimmte meine Zukunft.

In uns selbst liegen die Sterne unseres Glücks.

Zuerst war es die Pracht des Kaiserreichs, die meine Mutter blendete, und da die Tochter eines Eisenfabrikanten unserer Gegend, die mit meiner Mutter sehr befreundet war, eine Herzogin geworden und ihr gemeldet hatte, daß ihr Mann sehr viele Schlachten gewonnen und bald auch zum König avancieren würde – ach, da träumte meine Mutter für mich die goldensten Epauletten oder die brodiertesten Ehrenchargen am Hofe des Kaisers, dessen Dienst sie mich ganz zu widmen beabsichtigte.

Deshalb mußte ich jetzt vorzugsweise diejenigen Studien betreiben, die einer solchen Laufbahn förderlich, und obgleich im Lyzeum schon hinlänglich für mathematische Wissenschaften gesorgt war und ich bei dem liebenswürdigen Professor Brewer vollauf mit Geometrie, Statik, Hydrostatik, Hydraulik und so weiter gefüttert ward und in Logarithmen und Algebra schwamm, so mußte ich doch noch Privatunterricht in dergleichen Disziplinen nehmen, die mich instand setzen sollten, ein großer Stratege oder nötigenfalls der Administrator von eroberten Provinzen zu werden.

Mit dem Fall des Kaiserreichs mußte auch meine Mutter der prachtvollen Laufbahn, die sie für mich geträumt, entsagen; die dahin zielenden Studien nahmen ein Ende, und sonderbar! sie ließen auch keine Spur in meinem Geiste zurück, so sehr waren sie demselben fremd. Es war nur eine mechanische Errungenschaft, die ich von mir warf als unnützen Plunder.

Meine Mutter begann jetzt in anderer Richtung eine glänzende Zukunft für mich zu träumen.

Das Rothschildsche Haus, mit dessen Chef mein Vater vertraut war, hatte zu jener Zeit seinen fabelhaften Flor bereits begonnen; auch andere Fürsten der Bank und der Industrie hatten in unserer Nähe sich erhoben, und meine Mutter behauptete, es habe jetzt die Stunde geschlagen, wo ein bedeutender Kopf im merkantilischen Fache das Ungeheuerlichste erreichen und sich zum höchsten Gipfel der weltlichen Macht emporschwingen könne. Sie beschloß daher jetzt, daß ich eine Geldmacht werden sollte, und jetzt mußte ich fremde Sprachen, besonders Englisch, Geographie, Buchhalten, kurz, alle auf den Land- und Seehandel und Gewerbskunde bezüglichen Wissenschaften studieren.

Um etwas vom Wechselgeschäft und von Kolonialwaren kennenzulernen, mußte ich später das Comptoir eines Bankiers meines Vaters und die Gewölbe eines großen Spezereihändlers besuchen; erstere Besuche dauerten höchstens drei Wochen, letztere vier Wochen, doch ich lernte bei dieser Gelegenheit, wie man einen Wechsel ausstellt und wie Muskatnüsse aussehen.

Ein berühmter Kaufmann, bei welchem ich ein apprenti millionaire werden wollte, meinte, ich hätte kein Talent zum Erwerb, und lachend gestand ich ihm, daß er wohl recht haben möchte.

Da bald darauf eine große Handelskrisis entstand und wie viele unserer Freunde auch mein Vater sein Vermögen verlor, da platzte die merkantilische Seifenblase noch schneller und kläglicher als die imperiale, und meine Mutter mußte nun wohl eine andere Laufbahn für mich träumen.

Sie meinte jetzt, ich müsse durchaus Jurisprudenz studieren.

Sie hatte nämlich bemerkt, wie längst in England, aber auch in Frankreich und im konstitutionellen Deutschland der Juristenstand allmächtig sei und besonders die Advokaten durch die Gewohnheit des öffentlichen Vortrags die schwatzenden Hauptrollen spielen und dadurch zu den höchsten Staatsämtern gelangen. Meine Mutter hatte ganz richtig beobachtet.

Da eben die neue Universität Bonn errichtet worden, wo die Juristische Fakultät von den berühmtesten Professoren besetzt war, schickte mich meine Mutter unverzüglich nach Bonn, wo ich bald zu den Füßen Mackeldeys und Welckers saß und die Manna ihres Wissens einschlürfte.

Von den sieben Jahren, die ich auf deutschen Universitäten zubrachte, vergeudete ich drei schöne blühende Lebensjahre durch das Studium der römischen Kasuistik, der Jurisprudenz, dieser illiberalsten Wissenschaft.

Welch ein fürchterliches Buch ist das Corpus juris, die Bibel des Egoismus!

Wie die Römer selbst blieb mir immer verhaßt ihr Rechtskodex. Diese Räuber wollten ihren Raub sicherstellen, und was sie mit dem Schwerte erbeutet, suchten sie durch Gesetze zu schützen; deshalb war der Römer zu gleicher Zeit Soldat und Advokat, und es entstand eine Mischung der widerwärtigsten Art.

Wahrhaftig, jenen römischen Dieben verdanken wir die Theorie des Eigentums, das vorher nur als Tatsache bestand, und die Ausbildung dieser Lehre in ihren schnödesten Konsequenzen ist jenes gepriesene römische Recht, das allen unseren heutigen Legislationen, ja allen modernen Staatsinstituten zugrunde liegt, obgleich es im grellsten Widerspruch mit der Religion, der Moral, dem Menschengefühl und der Vernunft steht.

Ich brachte jenes gottverfluchte Studium zu Ende, aber ich konnte mich nimmer entschließen, von solcher Errungenschaft Gebrauch zu machen, und vielleicht auch weil ich fühlte, daß andere mich in der Advokasserie und Rabulisterei leicht überflügeln würden, hing ich meinen juristischen Doktorhut an den Nagel.

Meine Mutter machte eine noch ernstere Miene als gewöhnlich. Aber ich war ein sehr erwachsener Mensch geworden, der in dem Alter stand, wo er der mütterlichen Obhut entbehren muß.

Die gute Frau war ebenfalls älter geworden, und indem sie nach so manchem Fiasko die Oberleitung meines Lebens aufgab, bereute sie, wie wir oben gesehen, daß sie mich nicht dem geistlichen Stande gewidmet.

Sie ist jetzt eine Matrone von siebenundachtzig Jahren, und ihr Geist hat durch das Alter nicht gelitten. Über meine wirkliche Denkart hat sie sich nie eine Herrschaft angemaßt und war für mich immer die Schonung und Liebe selbst.

Ihr Glauben war ein strenger Deismus, der ihrer vorwaltenden Vernunftrichtung ganz angemessen. Sie war eine Schülerin Rousseaus, hatte dessen »Émile« gelesen, säugte selbst ihre Kinder, und Erziehungswesen war ihr Steckenpferd. Sie selbst hatte eine gelehrte Erziehung genossen und war die Studiengefährtin eines Bruders gewesen, der ein ausgezeichneter Arzt ward, aber früh starb. Schon als ganz junges Mädchen mußte sie ihrem Vater die lateinischen Dissertationen und sonstige gelehrte Schriften vorlesen, wobei sie oft den Alten durch ihre Fragen in Erstaunen setzte.

Ihre Vernunft und ihre Empfindung war die Gesundheit selbst, und nicht von ihr erbte ich den Sinn für das Phantastische und die Romantik. Sie hatte, wie ich schon erwähnt, eine Angst vor Poesie, entriß mir jeden Roman, den sie in meinen Händen fand, erlaubte mir keinen Besuch des Schauspiels, versagte mir alle Teilnahme an Volksspielen, überwachte meinen Umgang, schalt die Mägde, welche in meiner Gegenwart Gespenstergeschichten erzählten, kurz, sie tat alles Mögliche, um Aberglauben und Poesie von mir zu entfernen.

Sie war sparsam, aber nur in bezug auf ihre eigene Person; für das Vergnügen andrer konnte sie verschwenderisch sein, und da sie das Geld nicht liebte, sondern nur schätzte, schenkte sie mit leichter Hand und setzte mich oft durch ihre Wohltätigkeit und Freigebigkeit in Erstaunen.

Welche Aufopferung bewies sie dem Sohne, dem sie in schwieriger Zeit nicht bloß das Programm seiner Studien, sondern auch die Mittel dazu lieferte! Als ich die Universität bezog, waren die Geschäfte meines Vaters in sehr traurigem Zustand, und meine Mutter verkaufte ihren Schmuck, Halsband und Ohrringe von großem Werte, um mir das Auskommen für die vier ersten Universitätsjahre zu sichern.

Ich war übrigens nicht der erste in unserer Familie, der auf der Universität Edelsteine aufgegessen und Perlen verschluckt hatte. Der Vater meiner Mutter, wie diese mir einst erzählte, erprobte dasselbe Kunststück. Die Juwelen, welche das Gebetbuch seiner verstorbenen Mutter verzierten, mußten die Kosten seines Aufenthalts auf der Universität bestreiten, als sein Vater, der alte Lazarus de Geldern, durch einen Sukzessionsprozeß mit einer verheirateten Schwester in große Armut geraten war, er, der von seinem Vater ein Vermögen geerbt hatte, von dessen Größe mir eine alte Großmuhme soviel Wunderdinge erzählte.

Das klang dem Knaben immer wie Märchen von »Tausendundeiner Nacht«, wenn die Alte von den großen Palästen und den persischen Tapeten und dem massiven Gold- und Silbergeschirr erzählte, die der gute Mann, der am Hofe des Kurfürsten und der Kurfürstin soviel Ehren genoß, so kläglich einbüßte. Sein Haus in der Stadt war das große Hotel in der Rheinstraße; das jetzige Krankenhaus in der Neustadt gehörte ihm ebenfalls sowie ein Schloß bei Gravenberg, und am Ende hatte er kaum, wo er sein Haupt hinlegen konnte.

Eine Geschichte, die ein Seitenstück zu der obigen bildet, will ich hier einweben, da sie die verunglimpfte Mutter eines meiner Kollegen in der öffentlichen Meinung rehabilitieren dürfte. Ich las nämlich einmal in der Biographie des armen *Dietrich Grabbe*, daß das Laster des Trunks, woran derselbe zugrunde gegangen, ihm durch seine eigene Mutter frühe eingepflanzt worden sei, indem sie dem Knaben, ja dem Kinde Branntwein zu trinken gegeben habe. Diese Anklage, die der Herausgeber der Biographie aus dem Munde feindseliger Verwandter erfahren, scheint grundfalsch, wenn ich mich der Worte erinnere, womit der selige Grabbe mehrmals von seiner Mutter sprach, die ihn oft gegen »dat Suppen« mit den nachdrücklichsten Worten verwarnte.

Sie war eine rohe Dame, die Frau eines Gefängniswärters, und wenn sie ihren jungen Wolf-Dietrich karessierte, mag sie ihn wohl manchmal mit den Tatzen einer Wölfin auch ein bißchen gekratzt haben. Aber sie hatte doch ein echtes Mutterherz und bewährte solches, als ihr Sohn nach Berlin reiste, um dort zu studieren.

Beim Abschied, erzählte mir Grabbe, drückte sie ihm ein Paket in die Hand, worin, weich umwickelt mit Baumwolle, sich ein halb Dutzend silberne Löffel nebst sechs dito kleinen Kaffeelöffeln und ein großer dito Potagelöffel befand, ein stolzer Hausschatz, dessen die Frauen aus dem Volke sich nie ohne Herzbluten entäußern, da sie gleichsam eine silberne Dekoration sind, wodurch sie sich von dem gewöhnlichen zinnernen Pöbel zu unterscheiden glauben. Als ich Grabbe kennenlernte, hatte er bereits den Potagelöffel, den Goliath, wie er ihn nannte, aufgezehrt. Befragte ich ihn manchmal, wie es ihm gehe, antwortete er mit bewölkter Stirn lakonisch: »Ich bin an meinem dritten Löffel«, oder: »Ich bin an meinem vierten Löffel.« – »Die großen gehen dahin«, seufzte er einst, »und es wird sehr schmale Bissen geben, wenn die kleinen, die Kaffeelöffelchen, an die Reihe kommen, und wenn diese dahin sind, gibt's gar keine Bissen mehr.«

Leider hatte er recht, und je weniger er zu essen hatte, desto mehr legte er sich aufs Trinken und ward ein Trunkenbold. Anfangs Elend und später häuslicher Gram trieben den Unglücklichen, im Rausche Erheiterung oder Vergessenheit zu suchen, und zuletzt mochte er wohl zur Flasche gegriffen haben, wie andere zur Pistole, um dem Jammertum ein Ende zu machen. »Glauben Sie mir«, sagte mir einst ein naiver westfälischer Landsmann Grabbes, »der konnte viel vertragen und wäre nicht gestorben, weil er trank, sondern er trank, weil er sterben wollte; er starb durch Selbsttrunk.«

Obige Ehrenrettung einer Mutter ist gewiß nie am unrechten Platz; ich versäumte bis jetzt, sie zur Sprache zu bringen, da ich sie in einer Charakteristik Grabbes aufzeichnen wollte, diese kam nie zustande, und auch in meinem Buche »De l'Allemagne« konnte ich Grabbes nur flüchtig erwähnen.

Obige Notiz ist mehr an den deutschen als an den französischen Leser gerichtet, und für letzteren will ich hier nur bemerken, daß besagter Dietrich Grabbe einer der größten deutschen Dichter war und von allen unseren dramatischen Dichtern wohl als derjenige genannt werden darf, der die meiste Verwandtschaft mit Shakespeare hat. Er mag weniger Saiten auf seiner Leier haben als andre, die dadurch ihn vielleicht überragen, aber die Saiten, die er besitzt, haben einen Klang, der nur bei dem großen Briten gefunden wird. Er hat dieselben Plötzlichkeiten, dieselben Naturlaute, womit uns Shakespeare erschreckt, erschüttert, entzückt.

Aber alle seine Vorzüge sind verdunkelt durch eine Geschmacklosigkeit, einen Zynismus und eine Ausgelassenheit, die das Tollste und

Abscheulichste überbieten, das je ein Gehirn zutage gefördert. Es ist aber nicht Krankheit, etwa Fieber oder Blödsinn, was dergleichen hervorbrachte, sondern eine geistige Intoxikation des Genies. Wie Plato den Diogenes sehr treffend einen wahnsinnigen Sokrates nannte, so könnte man unsern Grabbe leider mit doppeltem Rechte einen betrunkenen Shakespeare nennen.

In seinen gedruckten Dramen sind jene Monstruositäten sehr gemildert, sie befanden sich aber grauenhaft grell in dem Manuskript seines »Gothland«, einer Tragödie, die er einst, als er mir noch ganz unbekannt war, überreichte oder vielmehr vor die Füße schmiß mit den Worten: »Ich wollte wissen, was an mir sei, und da habe ich dieses Manuskript dem Professor Gubitz gebracht, der darüber den Kopf geschüttelt und, um meiner loszuwerden, mich an Sie verwies, der ebenso tolle Grillen im Kopfe trüge wie ich und mich daher weit besser verstünde – hier ist nun der Bulk!«

Nach diesen Worten, ohne Antwort zu erwarten, troddelte der närrische Kauz wieder fort, und da ich eben zu Frau von Varnhagen ging, nahm ich das Manuskript mit, um ihr die Primeur eines Dichters zu verschaffen; denn ich hatte an den wenigen Stellen, die ich las, schon gemerkt, daß hier ein Dichter war.

Wir erkennen das poetische Wild schon am Geruch. Aber der Geruch war diesmal zu stark für weibliche Nerven, und spät, schon gegen Mitternacht, ließ mich Frau von Varnhagen rufen und beschwor mich um Gottes willen, das entsetzliche Manuskript wieder zurückzunehmen, da sie nicht schlafen könne, solange sich dasselbe noch im Hause befände. Einen solchen Eindruck machten Grabbes Produktionen in ihrer ursprünglichen Gestalt.

Obige Abschweifung mag ihr Gegenstand selbst rechtfertigen.

Die Ehrenrettung einer Mutter ist überall an ihrem Platze, und der fühlende Leser wird die oben mitgeteilten Äußerungen Grabbes über die arme verunglimpfte Frau, die ihn zur Welt gebracht, nicht aber als eine müßige Abschweifung betrachten.

Jetzt aber, nachdem ich mich einer Pflicht der Pietät gegen einen unglücklichen Dichter erledigt habe, will ich wieder zu meiner eigenen Mutter und ihrer Sippschaft zurückkehren, in weiterer Besprechung des Einflusses, der von dieser Seite auf meine geistige Bildung ausgeübt wurde.

Nach meiner Mutter beschäftigte sich mit letzterer ganz besonders ihr Bruder, mein Oheim Simon de Geldern. Er ist tot seit zwanzig Jahren. Er war ein Sonderling von unscheinbarem, ja sogar närrischem Äußeren. Eine kleine, gehäbige Figur, mit einem bläßlichen, strengen Gesichte, dessen Nase zwar griechisch gradlinicht, aber gewiß um ein Drittel länger war, als die Griechen ihre Nasen zu tragen pflegten.

In seiner Jugend, sagte man, sei diese Nase von gewöhnlicher Größe gewesen, und nur durch die üble Gewohnheit, daß er sich beständig daran zupfte, soll sie sich so übergebührlich in die Länge gezogen haben. Fragten wir Kinder den Ohm, ob das wahr sei, so verwies er uns solche respektwidrige Rede mit großem Eifer und zupfte sich dann wieder an der Nase.

Er ging ganz altfränkisch gekleidet, trug kurze Beinkleider, weißseidene Strümpfe, Schnallenschuhe und nach der alten Mode einen ziemlich langen Zopf, der, wenn das kleine Männchen durch die Straßen trippelte, von einer Schulter zur andern flog, allerlei Kapriolen schnitt und sich über seinen eigenen Herrn hinter seinem Rücken zu mokieren schien.

Oft, wenn der gute Onkel in Gedanken vertieft saß oder die Zeitung las, überschlich mich das frevle Gelüste, heimlich sein Zöpfchen zu ergreifen und daran zu ziehen, als wäre es eine Hausklingel, worüber ebenfalls der Ohm sich sehr erboste, indem er jammernd die Hände rang über die junge Brut, die vor nichts mehr Respekt hat, weder durch menschliche noch durch göttliche Autorität mehr in Schranken zu halten und sich endlich an dem Heiligsten vergreifen werde.

War aber das Äußere des Mannes nicht geeignet, Respekt einzuflößen, so war sein Inneres, sein Herz desto respektabler, und es war das bravste und edelmütigste Herz, das ich hier auf Erden kennenlernte. Es war eine Ehrenhaftigkeit in dem Manne, die an den Rigorismus der Ehre in altspanischen Dramen erinnerte, und auch in der Treue glich er den Helden derselben. Er hatte nie Gelegenheit, der »Arzt seiner Ehre« zu werden, doch ein »Standhafter Prinz« war er in ebenso ritterlicher Größe, obgleich er nicht in vierfüßigen Trochäen deklamierte, gar nicht nach Todespalmen lechzte und statt des glänzenden Rittermantels ein scheinloses Röckchen mit Bachstelzenschwanz trug.

Er war durchaus kein sinnenfeindlicher Asket, er liebte Kirmesfeste, die Weinstube des Gastwirts Rasia, wo er besonders gern Krammetsvögel aß mit Wacholderbeeren – aber alle Krammetsvögel dieser Welt und alle ihre Lebensgenüsse opferte er mit stolzer Entschiedenheit, wenn es die Idee galt, die er für wahr und gut erkannt. Und er tat dieses mit solcher Anspruchslosigkeit, ja Verschämtheit, daß niemand merkte, wie eigentlich ein heimlicher Märtyrer in dieser spaßhaften Hülle steckte.

Nach weltlichen Begriffen war sein Leben ein verfehltes. Simon de Geldern hatte im Kollegium der Jesuiten seine sogenannten humanistischen Studien, Humaniora, gemacht, doch als der Tod seiner Eltern ihm die völlig freie Wahl einer Lebenslaufbahn ließ, wählte er gar keine, verzichtete auf jedes sogenannte Brotstudium der ausländischen Universitäten und blieb lieber daheim zu Düsseldorf in der »Arche Noä«, wie das kleine Haus hieß, welches ihm sein Vater hinterließ und über dessen Türe das Bild der Arche Noä recht hübsch ausgemeißelt und bunt koloriert zu schauen war.

Von rastlosem Fleiße, überließ er sich hier allen seinen gelehrten Liebhabereien und Schnurrpfeifereien, seiner Bibliomanie und besonders seiner Wut des Schriftstellerns, die er besonders in politischen Tagesblättern und obskuren Zeitschriften ausließ.

Nebenbei gesagt, kostete ihm nicht bloß das Schreiben, sondern auch das Denken die größte Anstrengung.

Entstand diese Schreibwut vielleicht durch den Drang, gemeinnützig zu wirken? Er nahm teil an allen Tagesfragen, und das Lesen von Zeitungen und Broschüren trieb er bis zur Manie. Die Nachbarn nannten ihn den Doktor, aber nicht eigentlich wegen seiner Gelahrtheit, sondern weil sein Vater und sein Bruder Doktoren der Medizin gewesen. Und die alten Weiber ließen es sich nicht ausreden, daß der Sohn des alten Doktors, der sie so oft kuriert, nicht auch die Heilmittel seines Vaters geerbt haben müsse, und wenn sie erkrankten, kamen sie zu ihm gelaufen mit ihren Urinflaschen, mit Weinen und Bitten, daß er dieselben doch besehen möchte, ihnen zu sagen, was ihnen fehle. Wenn der arme Oheim solcherweise in seinen Studien gestört wurde, konnte er in Zorn geraten und die alten Trullen mit ihren Urinflaschen zum Teufel wünschen und davonjagen.

Dieser Oheim war es nun, der auf meine geistige Bildung großen Einfluß geübt und dem ich in solcher Beziehung unendlich viel zu verdanken habe. Wie sehr auch unsere Ansichten verschieden und so kümmerlich auch seine literärischen Bestrebungen waren, so regten sie doch vielleicht in mir die Lust zu schriftlichen Versuchen.

Der Ohm schrieb einen alten steifen Kanzleistil, wie er in den Jesuitenschulen, wo Latein die Hauptsache, gelehrt wird, und konnte sich nicht leicht befreunden mit meiner Ausdrucksweise, die ihm zu leicht, zu spielend, zu irreverenziös vorkam. Aber sein Eifer, womit er mir die Hülfsmittel des geistigen Fortschritts zuwies, war für mich von größtem Nutzen.

Er beschenkte schon den Knaben mit den schönsten, kostbarsten Werken; er stellte zu meiner Verfügung seine eigene Bibliothek, die an klassischen Büchern und wichtigen Tagesbroschüren so reich war, und er erlaubte mir sogar, auf dem Söller der »Arche Noä« in den Kisten herumzukramen, worin sich die alten Bücher und Skripturen des seligen Großvaters befanden.

Welche geheimnisvolle Wonne jauchzte im Herzen des Knaben, wenn er auf jenem Söller, der eigentlich eine große Dachstube war, ganze Tage verbringen konnte.

Es war nicht eben ein schöner Aufenthalt, und die einzige Bewohnerin desselben, eine dicke Angorakatze, hielt nicht sonderlich auf Sauberkeit, und nur selten fegte sie mit ihrem Schweife ein bißchen den Staub und das Spinnweb fort von dem alten Gerümpel, das dort aufgestapelt lag.

Aber mein Herz war so blühend jung, und die Sonne schien so heiter durch die kleine Lukarne, daß mir alles von einem phantastischen Lichte übergossen schien und die alte Katze selbst mir wie eine verwünschte Prinzessin vorkam, die wohl plötzlich, aus ihrer tierischen Gestalt wieder befreit, sich in der vorigen Schöne und Herrlichkeit zeigen dürfte, während die Dachkammer sich in einen prachtvollen Palast verwandeln würde, wie es in allen Zaubergeschichten zu geschehen pflegt.

Doch die alte gute Märchenzeit ist verschwunden, die Katzen bleiben Katzen, und die Dachstube der »Arche Noä« blieb eine staubige Rumpelkammer, ein Hospital für inkurablen Hausrat, eine Salpêtrière für alte Möbel, die den äußersten Grad der Dekrepitüde erlangt und die man doch nicht vor die Türe schmeißen darf, aus sentimentaler Anhänglichkeit und Berücksichtigung der frommen Erinnerung, die sich damit verknüpften.

Da stand eine morsch zerbrochene Wiege, worin einst meine Mutter gewiegt worden; jetzt lag darin die Staatsperücke meines Großvaters, die ganz vermodert war und vor Alter kindisch geworden zu sein schien.

Der verrostete Galanteriedegen des Großvaters und eine Feuerzange, die nur einen Arm hatte, und anderes invalides Eisengeschirr hing an der Wand. Daneben auf einem wackligen Brette stand der ausgestopfte Papagei der seligen Großmutter, der jetzt ganz entfiedert und nicht mehr grün, sondern aschgrau war und mit dem einzigen Glasauge, das ihm geblieben, sehr unheimlich aussah.

Hier stand auch ein großer, grüner Mops von Porzellan, welcher inwendig hohl war; ein Stück des Hinterteils war abgebrochen, und die Katze schien für dieses chinesische oder japanische Kunstbild einen großen Respekt zu hegen; sie machte vor demselben allerlei devote Katzenbuckel und hielt es vielleicht für ein göttliches Wesen; die Katzen sind so abergläubisch.

In einem Winkel lag eine alte Flöte, welche einst meiner Mutter gehört; sie spielte darauf, als sie noch ein junges Mädchen war, und ebenjene Dachkammer wählte sie zu ihrem Konzertsaale, damit der alte Herr, ihr Vater, nicht von der Musik in seiner Arbeit gestört oder auch ob dem sentimentalen Zeitverlust, dessen sich seine Tochter schuldig machte, unwirsch würde. Die Katze hatte jetzt diese Flöte zu ihrem liebsten Spielzeug erwählt, indem sie an dem verblichenen Rosaband, das an der Flöte befestigt war, dieselbe hin und her auf dem Boden rollte.

Zu den Antiquitäten der Dachkammer gehörten auch Weltkugeln, die wunderlichsten Planetenbilder und Kolben und Retorten, erinnernd an astrologische und alchimistische Studien.

In den Kisten, unter den Büchern des Großvaters, befanden sich auch viele Schriften, die auf solche Geheimwissenschaften Bezug hatten. Die meisten Bücher waren freilich medizinische Scharteken. An philosophischen war kein Mangel, doch neben dem erzvernünftigen Cartesius befanden sich auch Phantasten wie Paracelsus, van Helmont und gar Agrippa von Nettesheim, dessen »Philosophia occulta« ich hier zum erstenmal zu Gesicht bekam. Schon den Knaben amüsierte die Dedikationsepistel an den Abt Trithem, dessen Antwortschreiben beigedruckt, wo dieser compère dem andern Scharlatan seine bombastischen Komplimente mit Zinsen zurückerstattet.

Der beste und kostbarste Fund jedoch, den ich in den bestäubten Kisten machte, war ein Notizbuch von der Hand eines Bruders meines Großvaters, den man den Chevalier oder den Morgenländer nannte und von welchem die alten Muhmen immer soviel zu singen und zu sagen wußten.

Dieser Großoheim, welcher ebenfalls Simon de Geldern hieß, muß ein sonderbarer Heiliger gewesen sein. Den Zunamen der »Morgenländer« empfing er, weil er große Reisen im Oriente gemacht und sich bei seiner Rückkehr immer in orientalische Tracht kleidete.

Am längsten scheint er in den Küstenstädten Nordafrikas, namentlich in den marokkanischen Staaten, verweilt zu haben, wo er von einem Portugiesen das Handwerk eines Waffenschmieds erlernte und dasselbe mit Glück betrieb.

Er wallfahrtete nach Jerusalem, wo er in der Verzückung des Gebetes, auf dem Berge Moria, ein Gesicht hatte. Was sah er? Er offenbarte es nie.

Ein unabhängiger Beduinenstamm, der sich nicht zum Islam, sondern zu einer Art Mosaismus bekannte und in einer der unbekannten Oasen der nordafrikanischen Sandwüste gleichsam sein Absteigequartier hatte, wählte ihn zu seinem Anführer oder Scheik. Dieses kriegerische Völkchen lebte in Fehde mit allen Nachbarstämmen und war der Schrecken der Karawanen. Europäisch zu reden: mein seliger Großoheim, der fromme Visionär vom heiligen Berge Moria, ward Räuberhauptmann. In dieser schönen Gegend erwarb er auch jene Kenntnisse von Pferdezucht und jene Reiterkünste, womit er nach seiner Heimkehr ins Abendland so viele Bewunderung erregte.

An den verschiedenen Höfen, wo er sich lange aufhielt, glänzte er auch durch seine persönliche Schönheit und Stattlichkeit sowie auch durch die Pracht der orientalischen Kleidung, welche besonders auf die Frauen ihren Zauber übte. Er imponierte wohl noch am meisten durch sein vorgebliches Geheimwissen, und niemand wagte es, den allmächtigen Nekromanten bei seinen hohen Gönnern herabzusetzen. Der Geist der Intrige fürchtete die Geister der Kabbala.

Nur sein eigener Übermut konnte ihn ins Verderben stürzen, und sonderbar geheimnisvoll schüttelten die alten Muhmen ihre greisen Köpflein, wenn sie etwas von dem galanten Verhältnis munkelten, worin der »Morgenländer« mit einer sehr erlauchten Dame stand und dessen Entdeckung ihn nötigte, aufs schleunigste den Hof und das Land zu verlassen. Nur durch die Flucht mit Hinterlassung aller seiner Habseligkeiten konnte er dem sichern Tode entgehen, und eben seiner erprobten Reiterkunst verdankte er seine Rettung.

Nach diesem Abenteuer scheint er in England einen sichern, aber kümmerlichen Zufluchtsort gefunden zu haben. Ich schließe solches aus einer zu London gedruckten Broschüre des Großoheims, welche ich einst, als ich in der Düsseldorfer Bibliothek bis zu den höchsten Bücherbrettern kletterte, zufällig entdeckte. Es war ein Oratorium in französischen Versen, betitelt »Moses auf dem Horeb«, hatte vielleicht Bezug auf die erwähnte Vision, die Vorrede war aber in englischer Sprache geschrieben und von London datiert; die Verse, wie alle französische Verse, gereimtes lauwarmes Wasser, aber in der englischen Prosa der Vorrede verriet sich der Unmut eines stolzen Mannes, der sich in einer dürftigen Lage befindet.

Aus dem Notizenbuch des Großoheims konnte ich nicht viel Sicheres ermitteln; es war, vielleicht aus Vorsicht, meistens mit arabischen, syrischen und koptischen Buchstaben geschrieben, worin, sonderbar genug, französische Zitate vorkamen, z.B. sehr oft der Vers:

Où l'innocence périt c'est un crime de vivre.

Mich frappierten auch manche Äußerungen, die ebenfalls in französischer Sprache geschrieben; letztere scheint das gewöhnliche Idiom des Schreibenden gewesen zu sein.

Eine rätselhafte Erscheinung, schwer zu begreifen, war dieser Großoheim. Er führte eine jener wunderlichen Existenzen, die nur im Anfang und in der Mitte des achtzehnten Jahrhunderts möglich gewesen; er war halb Schwärmer, der für kosmopolitische, weltbeglückende Utopien Propaganda machte, halb Glücksritter, der im Gefühl seiner individuellen Kraft die morschen Schranken einer morschen Gesellschaft durchbricht oder überspringt. Jedenfalls war er ganz ein Mensch.

Sein Scharlatanismus, den wir nicht in Abrede stellen, war nicht von gemeiner Sorte. Er war kein gewöhnlicher Scharlatan, der den Bauern auf den Märkten die Zähne ausreißt, sondern er drang mutig in die Paläste der Großen, denen er den stärksten Backzahn ausriß, wie weiland Ritter Hüon von Bordeaux dem Sultan von Babylon tat. Klappern gehört zum Handwerk, sagt das Sprüchwort, und das Leben ist ein Handwerk wie jedes andre.

Und welcher bedeutende Mensch ist nicht ein bißchen Scharlatan? Die Scharlatane der Bescheidenheit sind die schlimmsten mit ihrem demütig tuenden Dünkel! Wer gar auf die Menge wirken will, bedarf einer scharlatanischen Zutat.

Der Zweck heiligt die Mittel. Hat doch der liebe Gott selbst, als er auf dem Berg Sinai sein Gesetz promulgierte, nicht verschmäht, bei dieser Gelegenheit tüchtig zu blitzen und zu donnern, obgleich das Gesetz so vortrefflich, so göttlich gut war, daß es füglich aller Zutat von leuchtendem Kolophonium und donnernden Paukenschlägen entbehren konnte. Aber der Herr kannte sein Publikum, das mit seinen Ochsen und Schafen und aufgesperrten Mäulern unten am Berge stand und welchem gewiß ein physikalisches Kunststück mehr Bewunderung einflößen konnte als alle Mirakel des ewigen Gedankens.

Wie dem auch sei, dieser Großohm hat die Einbildungskraft des Knaben außerordentlich beschäftigt. Alles, was man von ihm erzählte, machte einen unauslöschlichen Eindruck auf mein junges Gemüt, und ich versenkte mich so tief in seine Irrfahrten und Schicksale, daß mich manchmal am hellen, lichten Tage ein unheimliches Gefühl ergriff und es mir vorkam, als sei ich selbst mein seliger Großoheim und als lebte ich nur eine Fortsetzung des Lebens jenes längst Verstorbenen!

In der Nacht spiegelte sich dasselbe retrospektiv zurück in meine Träume. Mein Leben glich damals einem großen Journal, wo die obere Abteilung die Gegenwart, den Tag mit seinen Tagesberichten und Tagesdebatten, enthielt, während in der unteren Abteilung die poetische Vergangenheit in fortlaufenden Nachtträumen wie eine Reihenfolge von Romanfeuilletons sich phantastisch kundgab.

In diesen Träumen identifizierte ich mich gänzlich mit meinem Großohm, und mit Grauen fühlte ich zugleich, daß ich ein anderer war und einer anderen Zeit angehörte. Da gab es Örtlichkeiten, die ich nie vorher gesehen, da gab es Verhältnisse, wovon ich früher keine Ahnung hatte, und doch wandelte ich dort mit sicherem Fuß und sicherem Verhalten.

Da begegneten mir Menschen in brennend bunten, sonderbaren Trachten und mit abenteuerlich wüsten Physiognomien, denen ich dennoch wie alten Bekannten die Hände drückte; ihre wildfremde, nie gehörte Sprache verstand ich, zu meiner Verwunderung antwortete ich ihnen sogar in derselben Sprache, während ich mit einer Heftigkeit gestikulierte, die mir nie eigen war, und während ich sogar Dinge sagte, die mit meiner gewöhnlichen Denkweise widerwärtig kontrastierten.

Dieser wunderliche Zustand dauerte wohl ein Jahr, und obgleich ich wieder ganz zur Einheit des Selbstbewußtseins kam, blieben doch geheime Spuren in meiner Seele. Manche Idiosynkrasie, manche fatale Sympathien und Antipathien, die gar nicht zu meinem Naturell passen, ja sogar manche Handlungen, die im Widerspruch mit meiner Denkweise sind, erkläre ich mir als Nachwirkungen aus jener Traumzeit, wo ich mein eigener Großoheim war.

Wenn ich Fehler begehe, deren Entstehung mir unbegreiflich erscheint, schiebe ich sie gern auf Rechnung meines morgenländischen Doppelgängers. Als ich einst meinem Vater eine solche Hypothese mitteilte, um ein kleines Versehen zu beschönigen, bemerkte er schalkhaft: er hoffe, daß mein Großoheim keine Wechsel unterschrieben habe, die mir einst zur Bezahlung präsentiert werden könnten.

Es sind mir keine solche orientalischen Wechsel vorgezeigt worden, und ich habe genug Nöte mit meinen eigenen okzidentalischen Wechseln gehabt.

Aber es gibt gewiß noch schlimmere Schulden als Geldschulden, welche uns die Vorfahren zur Tilgung hinterlassen. Jede Generation ist eine Fortsetzung der andern und ist verantwortlich für ihre Taten. Die Schrift sagt: die Väter haben Herlinge (unreife Trauben) gegessen, und die Enkel haben davon schmerzhaft taube Zähne bekommen.

Es herrscht eine Solidarität der Generationen, die aufeinanderfolgen, ja die Völker, die hintereinander in die Arena treten, übernehmen eine solche Solidarität, und die ganze Menschheit liquidiert am Ende die große Hinterlassenschaft der Vergangenheit. Im Tale Josaphat wird das große Schuldbuch vernichtet werden oder vielleicht vorher noch durch einen Universalbankrott.

Der Gesetzgeber der Juden hat diese Solidarität tief erkannt und besonders in seinem Erbrecht sanktioniert; für ihn gab es vielleicht keine individuelle Fortdauer nach dem Tode, und er glaubte nur an die Unsterblichkeit der Familie; alle Güter waren Familieneigentum, und niemand konnte sie so vollständig alienieren, daß sie nicht zu einer gewissen Zeit an die Familienglieder zurückfielen.

Einen schroffen Gegensatz zu jener menschenfreundlichen Idee des mosaischen Gesetzes bildet das römische, welches ebenfalls im Erbrechte den Egoismus des römischen Charakters bekundet.

Ich will hierüber keine Untersuchungen eröffnen, und meine persönlichen Bekenntnisse verfolgend, will ich vielmehr die Gelegenheit benutzen, die sich mir hier bietet, wieder durch ein Beispiel zu zeigen, wie die harmlosesten Tatsachen zuweilen zu den böswilligsten Insinuationen von meinen Feinden benutzt worden. Letztere wollen nämlich die Entdeckung gemacht haben, daß ich bei biographischen Mitteilungen sehr viel von meiner mütterlichen Familie, aber gar nichts von meinen väterlichen Sippen und Magen spräche, und sie bezeichneten solches als ein absichtliches Hervorheben und Verschweigen und beschuldigten mich derselben eiteln Hintergedanken, die man auch meinem seligen Kollegen Wolfgang Goethe vorwarf.

Es ist freilich wahr, daß in dessen Memoiren sehr oft von dem Großvater von väterlicher Seite, welcher als gestrenger Herr Schultheiß auf dem Römer zu Frankfurt präsidierte, mit besonderem Behagen die Rede ist, während der Großvater von mütterlicher Seite, der als ehrsames Flickschneiderlein auf der Bockenheimer Gasse auf dem Werktische hockte und die alten Hosen der Republik ausbesserte, mit keinem Worte erwähnt wird.

Ich habe Goethen in betreff dieses Ignorierens nicht zu vertreten, doch was mich selbst betrifft, möchte ich jene böswilligen und oft ausgebeuteten Interpretationen und Insinuationen dahin berichten, daß es nicht meine Schuld ist, wenn in meinen Schriften von einem väterlichen Großvater nie gesprochen ward. Die Ursache ist ganz einfach: ich habe nie viel von ihm zu sagen gewußt. Mein seliger Vater war als ganz fremder Mann nach meiner Geburtsstadt Düsseldorf gekommen und besaß hier keine Anverwandten, keine jener alten Muhmen und Basen, welche die weiblichen Barden sind, die der jungen Brut tagtäglich die alten Familienlegenden mit epischer Monotonie vorsingen, während sie die bei den schottischen Barden obligate Dudelsackbegleitung durch das Schnarren ihrer Nasen ersetzen. Nur über die großen Kämpen des mütterlichen Clans konnte von dieser Seite mein junges Gemüt frühe Eindrücke empfangen, und ich horchte mit Andacht, wenn die alte Bräunle oder Brunhildis erzählte.

Mein Vater selbst war sehr einsilbiger Natur, sprach nicht gern, und einst als kleines Bübchen, zur Zeit, wo ich die Werkeltage in der öden Franziskaner-Klosterschule, jedoch die Sonntage zu Hause zubrachte, nahm ich hier eine Gelegenheit wahr, meinen Vater zu befragen, wer mein Großvater gewesen sei. Auf diese Frage antwortete er halb lachend, halb unwirsch: »Dein Großvater war ein kleiner Jude und hatte einen großen Bart.«

Den andern Tag, als ich in den Schulsaal trat, wo ich bereits meine kleinen Kameraden versammelt fand, beeilte ich mich sogleich, ihnen die wichtige Neuigkeit zu erzählen: daß mein Großvater ein kleiner Jude war, welcher einen langen Bart hatte.

Kaum hatte ich diese Mitteilung gemacht, als sie von Mund zu Mund flog, in allen Tonarten wiederholt ward, mit Begleitung von nachgeäfften Tierstimmen. Die Kleinen sprangen über Tische und Bänke, rissen von den Wänden die Rechentafeln, welche auf den Boden purzelten nebst den Tintenfässern, und dabei wurde gelacht, gemeckert, gegrunzt, gebellt, gekräht – ein Höllenspektakel, dessen Refrain immer der Großvater war, der ein kleiner Jude gewesen und einen großen Bart hatte.

Der Lehrer, welchem die Klasse gehörte, vernahm den Lärm und trat mit zornglühendem Gesichte in den Saal und fragte gleich nach dem Urheber dieses Unfugs. Wie immer in solchen Fällen geschieht: ein jeder suchte kleinlaut sich zu diskulpieren, und am Ende der Untersuchung ergab es sich, daß ich Ärmster überwiesen ward, durch meine Mitteilung über meinen Großvater den ganzen Lärm veranlaßt zu haben, und ich büßte meine Schuld durch eine bedeutende Anzahl Prügel.

Es waren die ersten Prügel, die ich auf dieser Erde empfing, und ich machte bei dieser Gelegenheit schon die philosophische Betrachtung, daß der liebe Gott, der die Prügel erschaffen, in seiner gütigen Weisheit auch dafür sorgte, daß derjenige, welcher sie erteilt, am Ende müde wird, indem sonst am Ende die Prügel unerträglich würden.

Der Stock, womit ich geprügelt ward, war ein Rohr von gelber Farbe, doch die Streifen, welche dasselbe auf meinem Rücken ließ, waren dunkelblau. Ich habe sie nicht vergessen.

Auch den Namen des Lehrers, der mich so unbarmherzig schlug, vergaß ich nicht: es war der Pater Dickerscheit; er wurde bald von der Schule entfernt, aus Gründen, die ich ebenfalls nicht vergessen, aber nicht mitteilen will.

Der Liberalismus hat den Priesterstand oft genug mit Unrecht verunglimpft, und man könnte ihm wohl jetzt einige Schonung angedeihen lassen, wenn ein unwürdiges Mitglied Verbrechen begeht, die am Ende doch nur der menschlichen Natur oder vielmehr Unnatur beizumessen sind.

Wie der Name des Mannes, der mir die ersten Prügel erteilte, blieb mir auch der Anlaß im Gedächtnis, nämlich meine unglückliche genealogische Mitteilung, und die Nachwirkung jener frühen Jugendeindrücke ist so groß, daß jedesmal, wenn von kleinen Juden mit großen Bärten die Rede war, mir eine unheimliche Erinnerung grüselnd über den Rücken lief. »Gesottene Katze scheut den kochenden Kessel«, sagt das Sprüchwort, und jeder wird leicht begreifen, daß ich seitdem keine große Neigung empfand, nähere Auskunft über jenen bedenklichen Großvater und seinen Stammbaum zu erhalten oder gar dem großen Publikum, wie einst dem kleinen, dahinbezügliche Mitteilungen zu machen.

Meine Großmutter väterlicherseits, von welcher ich ebenfalls nur wenig zu sagen weiß, will ich jedoch nicht unerwähnt lassen. Sie war eine außerordentlich schöne Frau und einzige Tochter eines Bankiers zu Hamburg, der wegen seines Reichtums weit und breit berühmt war. Diese Umstände lassen mich vermuten, daß der kleine Jude, der die schöne Person aus dem Hause ihrer hochbegüterten Eltern nach seinem Wohnorte Hannover heimführte, noch außer seinem großen Barte sehr rühmliche Eigenschaften besessen und sehr respektabel gewesen sein muß.

Er starb frühe, eine junge Witwe mit sechs Kindern, sämtlich Knaben im zartesten Alter, zurücklassend. Sie kehrte nach Hamburg zurück und starb dort ebenfalls nicht sehr betagt.

Im Schlafzimmer meines Oheims Salomon Heine zu Hamburg sah ich einst das Porträt der Großmutter. Der Maler, welcher in Rembrandtscher Manier nach Licht- und Schatteneffekten haschte, hatte dem Bilde eine schwarze klösterliche Kopfbedeckung, eine fast ebenso strenge, dunkle Robe und den pechdunkelsten Hintergrund erteilt, so daß das vollwangichte, mit einem Doppelkinn versehene Gesicht wie ein Vollmond aus nächtlichem Gewölk hervorschimmerte.

Ihre Züge trugen noch die Spuren großer Schönheit, sie waren zugleich milde und ernsthaft, und besonders die Morbidezza der Hautfarbe gab dem ganzen Gesicht einen Ausdruck von Vornehmheit eigentümlicher Art; hätte der Maler der Dame ein großes Kreuz von Diamanten vor die Brust gemalt, so hätte man sicher geglaubt, das Porträt irgendeiner gefürsteten Äbtissin eines protestantischen adligen Stiftes zu sehen.

Von den Kindern meiner Großmutter haben, soviel ich weiß, nur zwei ihre außerordentliche Schönheit geerbt, nämlich mein Vater und mein Oheim Salomon Heine, der verstorbene Chef des hamburgischen Bankierhauses dieses Namens.

Die Schönheit meines Vaters hatte etwas Überweiches, Charakterloses, fast Weibliches. Sein Bruder besaß vielmehr eine männliche Schönheit, und er war überhaupt ein Mann, dessen Charakterstärke sich auch in seinen edelgemessenen, regelmäßigen Zügen imposant, ja manchmal sogar verblüffend offenbarte.

Seine Kinder waren alle ohne Ausnahme zur entzückendsten Schönheit emporgeblüht, doch der Tod raffte sie dahin in ihrer Blüte, und von diesem schönen Menschenblumenstrauß leben jetzt nur zwei, der jetzige Chef des Bankierhauses und seine Schwester, eine seltene Erscheinung mit – – –

Ich hatte alle diese Kinder so lieb, und ich liebte auch ihre Mutter, die ebenfalls so schön war und früh dahinschied, und alle haben mir viele Tränen gekostet. Ich habe wahrhaftig in diesem Augenblicke nötig, meine Schellenkappe zu schütteln, um die weinerlichen Gedanken zu überklingeln.

Ich habe oben gesagt, daß die Schönheit meines Vaters etwas Weibliches hatte. Ich will hiermit keineswegs einen Mangel an Männlichkeit andeuten: letztere hat er zumal in seiner Jugend oft erprobt, und ich selbst bin am Ende ein lebendes Zeugnis derselben. Es sollte das keine unziemliche Äußerung sein; im Sinne hatte ich nur die Formen seiner körperlichen Erscheinung, die nicht straff und drall, sondern vielmehr weich und zärtlich geründet waren. Den Konturen seiner Züge fehlte das Markierte, und sie verschwammen ins Unbestimmte. In seinen späteren Jahren ward er fett, aber auch in seiner Jugend scheint er nicht eben mager gewesen zu sein.

In dieser Vermutung bestätigt mich ein Porträt, welches seitdem in einer Feuersbrunst bei meiner Mutter verlorenging und meinen Vater als einen jungen Menschen von etwa achtzehn oder neunzehn Jahren, in roter Uniform, das Haupt gepudert und versehen mit einem Haarbeutel, darstellt.

Dieses Porträt war günstigerweise mit Pastellfarbe gemalt. Ich sage günstigerweise, da letztere weit besser als die Ölfarbe mit dem hinzukommenden Glanzleinenfirnis jenen Blütenstaub wiedergeben kann, den wir auf den Gesichtern der Leute, welche Puder tragen, bemerken, und die Unbestimmtheit der Züge vorteilhaft verschleiert. Indem der Maler auf besagtem Porträt mit den kreideweiß gepuderten Haaren und der ebenso weißen Halsbinde das rosichte Gesicht enkadrierte, verlieh er demselben durch den Kontrast ein stärkeres Kolorit, und es tritt kräftiger hervor.

Auch die scharlachrote Farbe des Rocks, die auf Ölgemälden so schauderhaft uns angrinst, macht hier im Gegenteil einen guten Effekt, indem dadurch die Rosenfarbe des Gesichtes angenehm gemildert wird.

Der Typus von Schönheit, der sich in den Zügen desselben aussprach, erinnerte weder an die strenge keusche Idealität der griechischen Kunstwerke noch an den spiritualistisch schwärmerischen, aber mit heidnischer Gesundheit geschwängerten Stil der Renaissance; nein, besagtes Porträt trug vielmehr ganz den Charakter einer Zeit, die eben keinen Charakter besaß, die minder die Schönheit als das Hübsche, das Niedliche, das Kokett-Zierliche liebte; einer Zeit, die es in der Fadheit bis zur Poesie brachte, jener süßen, geschnörkelten Zeit des Rokoko, die man auch die Haarbeutelzeit nannte und die wirklich als Wahrzeichen, nicht an der Stirn, sondern am Hinterkopfe, einen Haarbeutel trug. Wäre das Bild meines Vaters auf besagtem Porträte etwas mehr Miniatur gewesen, so hätte man glauben können, der vortreffliche Watteau habe es gemalt, um, mit phantastischen Arabesken von bunten Edelsteinen und Goldflittern umrahmt, auf einem Fächer der Frau von Pompadour zu paradieren.

Bemerkenswert ist vielleicht der Umstand, daß mein Vater auch in seinen späteren Jahren der altfränkischen Mode des Puders treu blieb und bis an sein seliges Ende sich alle Tage pudern ließ, obgleich er das schönste Haar, das man sich denken kann, besaß. Es war blond, fast golden, und von einer Weichheit, wie ich sie nur bei chinesischer Flockseide gefunden.

Den Haarbeutel hätte er gewiß ebenfalls gern beibehalten, jedoch der fortschreitende Zeitgeist war unerbittlich. In dieser Bedrängnis fand mein Vater ein beschwichtigendes Auskunftsmittel. Er opferte nur die Form, das schwarze Säckchen, den Beutel; die langen Haarlocken jedoch selbst trug er seitdem wie ein breitgeflochtenes Chignon mit kleinen Kämmchen auf dem Haupte befestigt. Diese Haarflechte war bei der Weichheit der Haare und wegen des Puders fast gar nicht bemerkbar, und so war mein Vater doch im Grunde kein Abtrünniger des alten Haarbeuteltums, und er hatte nur wie so mancher Kryptoorthodoxe dem grausamen Zeitgeiste sich äußerlich gefügt.

Die rote Uniform, worin mein Vater auf dem erwähnten Porträte abkonterfeit ist, deutet auf hannöversche Dienstverhältnisse. Im Gefolge des Prinzen Ernst von Cumberland befand sich mein Vater zu Anfang der französischen Revolution und machte den Feldzug in Flandern und Brabant mit in der Eigenschaft eines Proviantmeisters oder Kommissarius oder, wie es die Franzosen nennen, eines officier de bouche; die Preußen nennen es einen »Mehlwurm«.

Das eigentliche Amt des blutjungen Menschen war aber das eines Günstlings des Prinzen, eines Brummells au petit pied und ohne gesteifte Krawatte, und er teilte auch am Ende das Schicksal solcher Spielzeuge der Fürstengunst. Mein Vater blieb zwar zeitlebens fest überzeugt, daß der Prinz, welcher später König von Hannover ward, ihn nie vergessen habe, doch wußte er sich nie zu erklären, warum der Prinz niemals nach ihm schickte, niemals sich nach ihm erkundigen ließ, da er doch nicht wissen konnte, ob sein ehemaliger Günstling nicht in Verhältnissen lebte, wo er etwa seiner bedürftig sein möchte.

Aus jener Feldzugsperiode stammen manche bedenkliche Liebhabereien meines Vaters, die ihm meine Mutter nur allmählich abgewöhnen konnte. Zum Beispiel er ließ sich gern zu hohem Spiel verleiten, protegierte die dramatische Kunst oder vielmehr ihre Priesterinnen, und gar Pferde und Hunde waren seine Passion. Bei seiner Ankunft in Düsseldorf, wo er sich aus Liebe für meine Mutter als Kaufmann etablierte, hatte er zwölf der schönsten Gäule mitgebracht. Er entäußerte sich aber derselben auf ausdrücklichen Wunsch seiner jungen Gattin, die ihm vorstellte, daß dieses vierfüßige Kapital zuviel Hafer fresse und gar nichts eintrage.

Schwerer ward es meiner Mutter, auch den Stallmeister zu entfernen, einen vierschrötigen Flegel, der beständig mit irgendeinem aufgegabelten Lump im Stalle lag und Karten spielte. Er ging endlich von selbst in

Begleitung einer goldenen Repetieruhr meines Vaters und einiger anderer Kleinodien von Wert.

Nachdem meine Mutter den Taugenichts los war, gab sie auch den Jagdhunden meines Vaters ihre Entlassung, mit Ausnahme eines einzigen, welcher Joly hieß, aber erzhäßlich war. Er fand Gnade in ihren Augen, weil er eben gar nichts von einem Jagdhund an sich hatte und ein bürgerlich treuer und tugendhafter Haushund werden konnte. Er bewohnte im leeren Stalle die alte Kalesche meines Vaters, und wenn dieser hier mit ihm zusammentraf, warfen sie sich wechselseitig bedeutende Blicke zu. »Ja, Joly«, seufzte dann mein Vater, und Joly wedelte wehmütig mit dem Schwanze.

Ich glaube, der Hund war ein Heuchler, und einst in übler Laune, als sein Liebling über einen Fußtritt allzu jämmerlich wimmerte, gestand mein Vater, daß die Kanaille sich verstelle. Am Ende ward Joly sehr räudig, und da er eine wandelnde Kaserne von Flöhen geworden, mußte er ersäuft werden, was mein Vater ohne Einspruch geschehen ließ. – Die Menschen sakrifizieren ihre vierfüßigen Günstlinge mit derselben Indifferenz wie die Fürsten die zweifüßigen.

Aus der Feldlagerperiode meines Vaters stammte auch wohl seine grenzenlose Vorliebe für den Soldatenstand oder vielmehr für das Soldatenspiel, die Lust an jenem lustigen, müßigen Leben, wo Goldflitter und Scharlachlappen die innere Leere verhüllen und die berauschte Eitelkeit sich als Mut gebärden kann.

In seiner junkerlichen Umgebung gab es weder militärischen Ernst noch wahre Ruhmsucht; von Heroismus konnte gar nicht die Rede sein. Als die Hauptsache erschien ihm die Wachtparade, das klirrende Wehrgehenke, die straffanliegende Uniform, so kleidsam für schöne Männer.

Wie glücklich war daher mein Vater, als zu Düsseldorf die Bürgergarden errichtet wurden und er als Offizier derselben die schöne dunkelblaue, mit himmelblauen Sammetaufschlägen versehene Uniform tragen und an der Spitze seiner Kolonnen an unserem Hause vorbeidefilieren konnte. Vor meiner Mutter, welche errötend am Fenster stand, salutierte er dann mit allerliebster Courtoisie; der Federbusch auf seinem dreieckigen Hute flatterte da so stolz, und im Sonnenlicht blitzten freudig die Epauletten.

Noch glücklicher war mein Vater in jener Zeit, wenn die Reihe an ihn kam, als kommandierender Offizier die Hauptwache zu beziehen und für die Sicherheit der Stadt zu sorgen. An solchen Tagen floß auf der Hauptwache eitel Rüdesheimer und Aßmannshäuser von den trefflichsten Jahrgängen, alles auf Rechnung des kommandierenden Offiziers, dessen Freigebigkeit seine Bürgergardisten, seine Krethi und Plethi, nicht genug zu rühmen wußten.

Auch genoß mein Vater unter ihnen eine Popularität, die gewiß ebenso groß war wie die Begeisterung, womit die alte Garde den Kaiser Napoleon umjubelte. Dieser freilich verstand seine Leute in anderer Weise zu berauschen. Den Garden meines Vaters fehlte es nicht an einer gewissen Tapferkeit, zumal wo es galt, eine Batterie von Weinflaschen, deren Schlünde vom größten Kaliber, zu erstürmen. Aber ihr Heldenmut war doch von einer andern Sorte als die, welche wir bei der alten Kaisergarde fanden. Letztere starb und übergab sich nicht, während die Gardisten meines Vaters immer am Leben blieben und sich oft übergaben.

Was die Sicherheit der Stadt Düsseldorf betrifft, so mag es sehr bedenklich damit ausgesehen haben in den Nächten, wo mein Vater auf der Hauptwache kommandierte. Er trug zwar Sorge, Patrouillen auszuschicken, die singend und klirrend in verschiedenen Richtungen die Stadt durchstreiften. Es geschah einst, daß zwei solcher Patrouillen sich begegneten und in der Dunkelheit die einen die andern als Trunkenbolde und Ruhestörer arretieren wollten. Zum Glück sind meine Landsleute ein harmlos fröhliches Völkchen, sie sind im Rausche gutmütig, »ils ont le vin bon«, und es geschah kein Malheur; sie übergaben sich wechselseitig.

Eine grenzenlose Lebenslust war ein Hauptzug im Charakter meines Vaters, er war genußsüchtig, frohsinnig, rosenlaunig. In seinem Gemüte war beständig Kirmes, und wenn auch manchmal die Tanzmusik nicht sehr rauschend, so wurden doch immer die Violinen gestimmt. Immer himmelblaue Heiterkeit und Fanfaren des Leichtsinns. Eine Sorglosigkeit, die des vorigen Tages vergaß und nie an den kommenden Morgen denken wollte.

Dieses Naturell stand im wunderlichsten Widerspruch mit der Gravität, die über sein strengruhiges Antlitz verbreitet war und sich in der Haltung und jeder Bewegung des Körpers kundgab. Wer ihn nicht kannte und zum ersten Male diese ernsthafte, gepuderte Gestalt und diese wichtige Miene sah, hätte gewiß glauben können, einen von den Sieben Weisen Griechenlands zu erblicken. Aber bei näherer Bekanntschaft merkte man wohl, daß er weder ein Thales noch ein Lampsakus war, der über kosmogonische Probleme nachgrüble. Jene Gravität war zwar nicht erborgt, aber sie erinnerte doch an jene antiken Basreliefs, wo ein heiteres Kind sich eine große tragische Maske vor das Antlitz hält.

Er war wirklich ein großes Kind mit einer kindlichen Naivetät, die bei platten Verstandesvirtuosen sehr leicht für Einfalt gelten konnte, aber manchmal durch irgendeinen tiefsinnigen Ausspruch das bedeutendste Anschauungsvermögen (Intuition) verriet.

Er witterte mit seinen geistigen Fühlhörnern, was die Klugen erst langsam durch die Reflexion begriffen. Er dachte weniger mit dem Kopfe als mit dem Herzen und hatte das liebenswürdigste Herz, das man sich denken kann. Das Lächeln, das manchmal um seine Lippen spielte und mit der obenerwähnten Gravität gar drollig anmutig kontrastierte, war der süße Widerschein seiner Seelengüte.

Auch seine Stimme, obgleich männlich, klangvoll, hatte etwas Kindliches, ich möchte fast sagen etwas, das an Waldtöne, etwa an Rotkehlchenlaute, erinnerte; wenn er sprach, so drang seine Stimme so direkt zu Herzen, als habe sie gar nicht nötig gehabt, den Weg durch die Ohren zu nehmen.

Er redete den Dialekt Hannovers, wo, wie auch in der südlichen Nachbarschaft dieser Stadt, das Deutsche am besten ausgesprochen wird. Das war ein großer Vorteil für mich, daß solchermaßen schon in der Kindheit durch meinen Vater mein Ohr an eine gute Aussprache des Deutschen gewöhnt wurde, während in unserer Stadt selbst jenes fatale Kauderwelsch des Niederrheins gesprochen wird, das zu Düsseldorf noch einigermaßen erträglich, aber in dem nachbarlichen Köln wahrhaft ekelhaft wird. Köln ist das Toskana einer klassisch schlechten Aussprache des Deutschen, und Kobes klüngelt mit Marizzebill in einer Mundart, die wie faule Eier klingt, fast riecht.

In der Sprache der Düsseldorfer merkt man schon einen Übergang in das Froschgequäke der holländischen Sümpfe. Ich will der holländischen Sprache beileibe nicht ihre eigentümlichen Schönheiten absprechen, nur gestehe ich, daß ich kein Ohr dafür habe. Es mag sogar wahr sein, daß unsere eigene deutsche Sprache, wie patriotische Linguisten in den Niederlanden behauptet haben, nur ein verdorbenes Holländisch sei. Es ist möglich.

Dieses erinnert mich an die Behauptung eines kosmopolitischen Zoologen, welcher den Affen für den Ahnherrn des Menschengeschlechts erklärt; die Menschen sind nach seiner Meinung nur ausgebildete, ja überbildete Affen. Wenn die Affen sprechen könnten, sie würden wahrscheinlich behaupten, daß die Menschen nur ausgeartete Affen seien, daß die Menschheit ein verdorbenes Affentum, wie nach der Meinung der Holländer die deutsche Sprache ein verdorbenes Holländisch ist.

Ich sage: wenn die Affen sprechen könnten, obgleich ich von solchem Unvermögen des Sprechens nicht überzeugt bin. Die Neger am Senegal versichern steif und fest, die Affen seien Menschen ganz wie wir, jedoch klüger, indem sie sich des Sprechens enthalten, um nicht als Menschen anerkannt und zum Arbeiten gezwungen zu werden; ihre skurrile Affenspäße seien lauter Pfiffigkeit, wodurch sie bei den Machthabern der Erde für untauglich erscheinen möchten, wie wir andre ausgebeutet zu werden.

Solche Entäußerung aller Eitelkeit würde mir von diesen Menschen, die ein stummes Inkognito beibehalten und sich vielleicht über unsere Einfalt lustig machen, eine sehr hohe Idee einflößen. Sie bleiben frei in ihren Wäldern, dem Naturzustand nie entsagend. Sie könnten wahrlich mit Recht behaupten, daß der Mensch ein ausgearteter Affe sei.

Vielleicht haben unsere Vorfahren im achtzehnten Jahrhundert dergleichen schon geahnt, und indem sie instinktmäßig fühlten, wie unsere glatte Überzivilisation nur eine gefirnißte Fäulnis ist und wie es nötig sei, zur Natur zurückzukehren, suchten sie sich unserem Urtypus, dem natürlichen Affentum, wieder zu nähern. Sie taten das Mögliche, und als ihnen endlich, um ganz Affe zu sein, nur noch der Schwanz fehlte, ersetzten sie diesen Mangel durch den Zopf. So ist die Zopfmode ein bedeutsames Symptom eines ernsten Bedürfnisses und nicht ein Spiel der Frivolität – – doch ich suche vergebens durch das Schellen meiner Kappe die Wehmut zu überklingeln, die mich jedesmal ergreift, wenn ich an meinen verstorbenen Vater denke.

Er war von allen Menschen derjenige, den ich am meisten auf dieser Erde geliebt. Er ist jetzt tot seit länger als fünfundzwanzig Jahren. Ich dachte nie daran, daß ich ihn einst verlieren würde, und selbst jetzt kann ich es kaum glauben, daß ich ihn wirklich verloren habe. Es ist so schwer, sich von dem Tod der Menschen zu überzeugen, die wir so innig liebten. Aber sie sind auch nicht tot, sie leben fort in uns und wohnen in unserer Seele.

Es verging seitdem keine Nacht, wo ich nicht an meinen seligen Vater denken mußte, und wenn ich des Morgens erwache, glaube ich oft noch den Klang seiner Stimme zu hören wie das Echo eines Traumes. Alsdann ist mir zu Sinn, als müßt ich mich geschwind ankleiden und zu meinem Vater hinabeilen in die große Stube, wie ich als Knabe tat.

Mein Vater pflegte immer sehr frühe aufzustehen und sich an seine Geschäfte zu begeben, im Winter wie im Sommer, und ich fand ihn gewöhnlich schon am Schreibtisch, wo er, ohne aufzublicken, mir die Hand hinreichte zum Kusse. Eine schöne, feingeschnittene, vornehme Hand, die er immer mit Mandelkleie wusch. Ich sehe sie noch vor mir, ich sehe noch jedes blaue Äderchen, das diese blendendweiße Marmorhand durchrieselte. Mir ist, als steige der Mandelduft prickelnd in meine Nase, und das Auge wird feucht.

Zuweilen blieb es nicht beim bloßen Handkuß, und mein Vater nahm mich zwischen seine Knie und küßte mich auf die Stirn. Eines Morgens umarmte er mich mit ganz besonderer Zärtlichkeit und sagte: »Ich habe diese Nacht etwas Schönes von dir geträumt und bin sehr zufrieden mit dir, mein lieber Harry.« Während er diese naiven Worte sprach, zog ein Lächeln um seine Lippen, welches zu sagen schien: mag der Harry sich noch so unartig in der Wirklichkeit aufführen, ich werde dennoch, um ihn ungetrübt zu lieben, immer etwas Schönes von ihm träumen.

Harry ist bei den Engländern der familiäre Name derjenigen, welche Henri heißen, und er entspricht ganz meinem deutschen Taufnamen »Heinrich«. Die familiären Benennungen des letztern sind in dem Dialekte meiner Heimat äußerst mißklingend, ja fast skurril, z.B. Heinz, Heinzchen, Hinz. Heinzchen werden oft auch die kleinen Hauskobolde genannt, und der gestiefelte Kater im Puppenspiel und überhaupt der Kater in der Volksfabel heißt »Hinze«.

Aber nicht um solcher Mißlichkeit abzuhelfen, sondern um einen seiner besten Freunde in England zu ehren, ward von meinem Vater mein Name anglisiert. Mr. Harry war meines Vaters Geschäftsführer (Korrespondent) in Liverpool; er kannte dort die besten Fabriken, wo Velveteen fabriziert wurde, ein Handelsartikel, der meinem Vater sehr am Herzen lag, mehr aus Ambition als aus Eigennutz, denn obgleich er behauptete, daß er viel Geld an jenem Artikel verdiene, so blieb solches doch sehr problematisch, und mein Vater hätte vielleicht noch Geld zugesetzt, wenn es darauf ankam, den Velveteen in besserer Qualität und in größerer Quantität abzusetzen als seine Kompetitoren. Wie denn überhaupt mein Vater eigentlich keinen berechnenden Kaufmannsgeist hatte, obgleich er immer rechnete, und der Handel für ihn vielmehr ein Spiel war, wie die Kinder Soldaten oder Kochen spielen.

Seine Tätigkeit war eigentlich nur eine unaufhörliche Geschäftigkeit. Der Velveteen war ganz besonders seine Puppe, und er war glücklich, wenn die großen Frachtkarren abgeladen wurden und schon beim Abpacken alle Handelsjuden der benachbarten Gegend die Hausflur füllten; denn die letzteren waren seine besten Kunden, und bei ihnen fand sein Velveteen nicht bloß den größten Absatz, sondern auch ehrenhafte Anerkennung.

Da du, teurer Leser, vielleicht nicht weißt, was »Velveteen« ist, so erlaube ich mir, dir zu erklären, daß dieses ein englisches Wort ist, welches »samtartig« bedeutet, und man benennt damit eine Art Samt von Baumwolle, woraus sehr schöne Hosen, Westen, sogar Kamisöle verfertigt werden. Es trägt dieser Kleidungsstoff auch den Namen »Manchester« nach der gleichnamigen Fabrikstadt, wo derselbe zuerst fabriziert wurde.

Weil nun der Freund meines Vaters, der sich auf den Einkauf des Velveteens am besten verstand, den Namen Harry führte, erhielt auch ich diesen Namen, und Harry ward ich genannt in der Familie und bei Hausfreunden und Nachbarn.

Ich höre mich noch jetzt sehr gern bei diesem Namen nennen, obgleich ich demselben auch viel Verdruß, vielleicht den empfindlichsten Verdruß meiner Kindheit verdankte. Erst jetzt, wo ich nicht mehr unter den Lebenden lebe und folglich alle gesellschaftliche Eitelkeit in meiner Seele erlischt, kann ich ohne Befangenheit davon sprechen.

Hier in Frankreich ist mir gleich nach meiner Ankunft in Paris mein deutscher Name »Heinrich« in »Henri« übersetzt worden, und ich mußte mich darin schicken und auch endlich hierzulande selbst so nennen, da das Wort Heinrich dem französischen Ohr nicht zusagte und überhaupt die Franzosen sich alle Dinge in der Welt recht bequem machen. Auch den Namen »Henri Heine« haben sie nie recht aussprechen können, und bei den meisten heiße ich M. Enri Enn; von vielen wird dieses in ein Enrienne zusammengezogen, und einige nannten mich M. Un rien.

Das schadet mir in mancherlei literärischer Beziehung, gewährt aber auch wieder einigen Vorteil. Zum Beispiel unter meinen edlen Landsleuten, welche nach Paris kommen, sind manche, die mich hier gern verlästern möchten, aber da sie immer meinen Namen deutsch aussprechen, so kommt es den Franzosen nicht in den Sinn, daß der Bösewicht und Unschuldbrunnenvergifter, über den so schrecklich geschimpft ward, kein anderer als ihr Freund Monsieur Enrienne sei, und jene edlen Seelen haben vergebens ihrem Tugendeifer die Zügel schießen lassen; die Franzosen wissen nicht, daß von mir die Rede ist, und die transrhenanische Tugend hat vergebens alle Bolzen der Verleumdung abgeschossen.

Es hat aber, wie gesagt, etwas Mißliches, wenn man unsern Namen schlecht ausspricht. Es gibt Menschen, die in solchen Fällen eine große Empfindlichkeit an den Tag legen. Ich machte mir mal den Spaß, den alten Cherubini zu befragen, ob es wahr sei, daß der Kaiser Napoleon seinen Namen immer wie Scherubini und nicht wie Kerubini ausgesprochen, obgleich der Kaiser des Italienischen genugsam kundig war, um zu wissen, wo das italienische ch wie ein que oder k ausgesprochen wird. Bei dieser Anfrage expektorierte sich der alte Maestro mit höchst komischer Wut.

Ich habe dergleichen nie empfunden.

Heinrich, Harry, Henri – alle diese Namen klingen gut, wenn sie von schönen Lippen gleiten. Am besten freilich klingt Signor Enrico. So hieß ich in jenen hellblauen, mit großen silbernen Sternen gestickten Sommernächten jenes edlen und unglücklichen Landes, das die Heimat der Schönheit ist und Raffael Sanzio von Urbino, Joachimo Rossini und die Principessa Christina Belgiojoso hervorgebracht hat.

Da mein körperlicher Zustand mir alle Hoffnung raubt, jemals wieder in der Gesellschaft zu leben, und letztere wirklich nicht mehr für mich existiert, so habe ich auch die Fessel jener persönlichen Eitelkeit abgestreift, die jeden behaftet, der unter den Menschen, in der sogenannten Welt, sich herumtreiben muß.

Ich kann daher jetzt mit unbefangenem Sinn von dem Mißgeschick sprechen, das mit meinem Namen »Harry« verbunden war und mir die schönsten Frühlingsjahre des Lebens vergällte und vergiftete.

Es hatte damit folgende Bewandtnis. In meiner Vaterstadt wohnte ein Mann, welcher »der Dreckmichel« hieß, weil er jeden Morgen mit einem Karren, woran ein Esel gespannt war, die Straßen der Stadt durchzog und vor jedem Hause stillhielt, um den Kehricht, welchen die Mädchen in zierlichen Haufen zusammengekehrt, aufzuladen und aus der Stadt nach dem Mistfelde zu transportieren. Der Mann sah aus wie sein Gewerbe, und der Esel, welcher seinerseits wie sein Herr aussah, hielt still vor den Häusern oder setzte sich in Trab, je nachdem die Modulation war, womit der Michel ihm das Wort »Haarüh!« zurief.

War solches sein wirklicher Name oder nur ein Stichwort? Ich weiß nicht, doch soviel ist gewiß, daß ich durch die Ähnlichkeit jenes Wortes mit meinem Namen Harry außerordentlich viel Leid von Schulkameraden und Nachbarskindern auszustehen hatte. Um mich zu nergeln, sprachen sie ihn ganz so aus, wie der Dreckmichel seinen Esel rief, und ward ich darob erbost, so nahmen die Schälke manchmal eine ganz unschuldige Miene an und verlangten, um jede Verwechselung zu vermeiden, ich sollte sie lehren, wie mein Name und der des Esels ausgesprochen werden müßten, stellten sich aber dabei sehr ungelehrig, meinten, der Michel pflege die erste Silbe immer sehr langsam anzuziehen, während er die zweite Silbe immer sehr schnell abschnappen lasse; zu anderen Zeiten geschähe das Gegenteil, wodurch der Ruf wieder ganz meinem eigenen Namen gleichlaute, und indem die Buben in der unsinnigsten Weise alle Begriffe und mich mit dem Esel und wieder diesen mit mir verwechselten, gab es tolle coq-à-l'âne, über die jeder andere lachen, aber ich selbst weinen mußte.

Als ich mich bei meiner Mutter beklagte, meinte sie, ich solle nur suchen, viel zu lernen und gescheit zu werden, und man werde mich dann nie mit einem Esel verwechseln.

Aber meine Homonymität mit dem schäbigen Langohr blieb mein Alp. Die großen Buben gingen vorbei und grüßten: »Haarüh!«, die kleineren riefen mir denselben Gruß, aber in einiger Entfernung. In der Schule ward dasselbe Thema mit raffinierter Grausamkeit ausgebeutet; wenn nur irgend von einem Esel die Rede war, schielte man nach mir, der ich immer errötete, und es ist unglaublich, wie Schulknaben überall Anzüglichkeiten hervorzuheben oder zu erfinden wissen.

Zum Beispiel der eine frug den andern: »Wie unterscheidet sich das Zebra von dem Esel des Barlaam, Sohn Boers?« Die Antwort lautete: »Der eine spricht zebräisch und der andere sprach hebräisch.« – Dann kam die Frage: »Wie unterscheidet sich aber der Esel des Dreckmichels von seinem Namensvetter?«, und die impertinente Antwort war: »Den Unterschied wissen wir nicht.« Ich wollte dann zuschlagen, aber man beschwichtigte mich, und mein Freund Dietrich, der außerordentlich schöne Heiligenbildchen zu verfertigen wußte und auch später ein berühmter Maler wurde, suchte mich einst bei einer solchen Gelegenheit zu trösten, indem er mir ein Bild versprach. Er malte für mich einen heiligen Michael – aber der Bösewicht hatte mich schändlich verhöhnt. Der Erzengel hatte die Züge des Dreckmichels, sein Roß sah ganz aus wie dessen Esel, und statt einen Drachen durchstach die Lanze das Aas einer toten Katze.

Sogar der blondlockichte, sanfte, mädchenhafte Franz, den ich so sehr liebte, verriet mich einst: er schloß mich in seine Arme, lehnte seine Wange zärtlich an die meinige, blieb lange sentimental an meiner Brust und – rief mir plötzlich ins Ohr ein lachendes »Haarüh!« – das schnöde Wort im Davonlaufen beständig modulierend, daß es weithin durch die Kreuzgänge des Klosters widerhallte.

Noch roher behandelten mich einige Nachbarskinder, Gassenbuben jener niedrigsten Klasse, welche wir in Düsseldorf »Haluten« nannten, ein Wort, welches Etymologienjäger gewiß von den Heloten der Spartaner ableiten würden.

Ein solcher Halut war der kleine Jupp, welches Joseph heißt und den ich auch mit seinem Vatersnamen Flader benennen will, damit er beileibe nicht mit dem Jupp Rörsch verwechselt werde, welcher ein ganz artiges Nachbarskind war und, wie ich zufällig erfahren, jetzt als Postbeamter in Bonn lebt. Der Jupp Flader trug immer einen langen Fischerstecken, womit er nach mir schlug, wenn er mir begegnete. Er pflegte mir auch gern Roßäpfel an den Kopf zu werfen, die er brühwarm, wie sie aus dem Backofen der Natur kamen, von der Straße aufraffte. Aber nie unterließ er dann auch, das fatale »Haarüh!« zu rufen, und zwar in allen Modulationen.

Der böse Bub war der Enkel der alten Frau Flader, welche zu den Klientinnen meines Vaters gehörte. So böse der Bub war, so gutmütig war die arme Großmutter, ein Bild der Armut und des Elends, aber nicht abstoßend, sondern nur herzzerreißend. Sie war wohl über achtzig Jahre alt, eine große Schlottergestalt, ein weißes Ledergesicht mit blassen Kummeraugen, eine weiche, röchelnde, wimmernde Stimme, und bettelnd ganz ohne Phrase, was immer furchtbar klingt.

Mein Vater gab ihr immer einen Stuhl, wenn sie kam, ihr Monatsgeld abzuholen an den Tagen, wo er als Armenpfleger seine Sitzungen hielt.

Von diesen Sitzungen meines Vaters als Armenpfleger blieben mir nur diejenigen im Gedächtnis, welche im Winter stattfanden, in der Frühe des Morgens, wenn's noch dunkel war. Mein Vater saß dann an einem großen Tische, der mit Geldtüten jeder Größe bedeckt war; statt der silbernen Leuchter mit Wachskerzen, deren sich mein Vater gewöhnlich bediente und womit er, dessen Herz soviel Takt besaß, vor der Armut nicht prunken wollte, standen jetzt auf dem Tische zwei kupferne Leuchter mit Talglichtern, die mit der roten Flamme des dicken, schwarzgebrannten Dochtes gar traurig die anwesende Gesellschaft beleuchteten.

Das waren arme Leute jedes Alters, die bis in den Vorsaal Queue machten. Einer nach dem andern kam, seine Tüte in Empfang zu nehmen, und mancher erhielt zwei; die große Tüte enthielt das Privatalmosen meines Vaters, die kleine das Geld der Armenkasse.

Ich saß auf einem hohen Stuhle neben meinem Vater und reichte ihm die Tüten. Mein Vater wollte nämlich, ich sollte lernen, wie man gibt, und in diesem Fache konnte man bei meinem Vater etwas Tüchtiges lernen.

Viele Menschen haben das Herz auf dem rechten Fleck, aber sie verstehen nicht zu geben, und es dauert lange, ehe der Wille des Herzens den Weg bis zur Tasche macht; zwischen dem guten Vorsatz und der Vollstreckung vergeht langsam die Zeit wie bei einer Postschnecke. Zwischen dem Herzen meines Vaters und seiner Tasche war gleichsam schon eine Eisenbahn eingerichtet. Daß er durch die Aktionen solcher

Eisenbahn nicht reich wurde, versteht sich von selbst. Bei der Nord- oder Lyonbahn ist mehr verdient worden.

Die meisten Klienten meines Vaters waren Frauen, und zwar alte, und auch in späteren Zeiten, selbst damals, als seine Umstände sehr unglänzend zu sein begannen, hatte er eine solche Klientel von bejahrten Weibspersonen, denen er kleine Pensionen verabreichte. Sie standen überall auf der Lauer, wo sein Weg ihn vorüberführen mußte, und er hatte solchermaßen eine geheime Leibwache von alten Weibern wie einst der selige Robespierre.

Unter dieser altergrauen Garde war manche Vettel, die durchaus nicht aus Dürftigkeit ihm nachlief, sondern aus wahrem Wohlgefallen an seiner Person, an seiner freundlichen und immer liebreichen Erscheinung.

Er war ja die Artigkeit in Person, nicht bloß den jungen, sondern auch den älteren Frauen gegenüber, und die alten Weiber, die so grausam sich zeigen, wenn sie verletzt werden, sind die dankbarste Nation, wenn man ihnen einige Aufmerksamkeit und Zuvorkommenheit erwiesen, und wer in Schmeicheleien bezahlt sein will, der findet in ihnen Personen, die nicht knickern, während die jungen schnippischen Dinger uns für alle unsere Zuvorkommenheiten kaum eines Kopfnickens würdigen.

Da nun für schöne Männer, deren Spezialität drin besteht, daß sie schöne Männer sind, die Schmeichelei ein großes Bedürfnis ist und es ihnen dabei gleichgültig ist, ob der Weihrauch aus einem rosichten oder welken Munde kommt, wenn er nur stark und reichlich hervorquillt, so begreift man, wie mein teurer Vater, ohne eben darauf spekuliert zu haben, dennoch in seinem Verkehr mit den alten Damen ein gutes Geschäft machte.

Es ist unbegreiflich, wie groß oft die Dosis Weihrauch war, mit welcher sie ihn eindampften, und wie gut er die stärkste Portion vertragen konnte. Das war sein glückliches Temperament, durchaus nicht Einfalt. Er wußte sehr wohl, daß man ihm schmeichle, aber er wußte auch, daß Schmeichelei wie Zucker immer süß ist, und er war wie das Kind, welches zu der Mutter sagt: »Schmeichle mir ein bißchen, sogar ein bißchen zuviel.«

Das Verhältnis meines Vaters zu den besagten Frauen hatte aber noch außerdem einen ernsteren Grund. Er war nämlich ihr Ratgeber, und es ist merkwürdig, daß dieser Mann, der sich selber so schlecht zu raten wußte, dennoch die Lebensklugheit selbst war, wenn es galt, anderen in mißlichen Vorfallenheiten einen guten Rat zu erteilen. Er durchschaute dann gleich die Position, und wenn die betrübte Klientin ihm auseinandergesetzt, wie es ihr in ihrem Gewerbe immer schlimmer gehe, so tat er am Ende einen Ausspruch, den ich so oft, wenn alles schlecht ging, aus seinem Munde hörte, nämlich: »In diesem Falle muß man ein neues Fäßchen anstechen.« Er wollte damit anraten, daß man nicht in einer verlorenen Sache eigensinnig ferner beharren, sondern etwas Neues beginnen, eine neue Richtung einschlagen müsse. Man muß dem alten Faß, woraus nur saurer Wein und nur sparsam tröpfelt, lieber gleich den Boden ausschlagen und »ein neues Fäßchen anstechen!« Aber statt dessen legt man sich faul mit offenem Mund unter das trockene Spundloch und hofft auf süßeres und reichlicheres Rinnen.

Als die alte Hanne meinem Vater klagte, daß ihre Kundschaft abgenommen und sie nichts mehr zu brocken und, was für sie noch empfindlicher, nichts mehr zu schlucken habe, gab er ihr erst einen Taler, und dann sann er nach. Die alte Hanne war früher eine der vornehmsten Hebammen, aber in späteren Jahren ergab sie sich etwas dem Trinken und besonders dem Tabakschnupfen; da in ihrer roten Nase immer Tauwetter war und der Tropfenfall die weißen Bettücher der Wöchnerinnen sehr verbräunte, so ward die Frau überall abgeschafft.

Nachdem mein Vater nun reiflich nachgedacht, sagte er endlich: »Da muß man ein neues Fäßchen anstechen, und diesmal muß es ein Branntweinfäßchen sein; ich rate Euch, in einer etwas vornehmen, von Matrosen besuchten Straße am Hafen einen kleinen Likörladen zu eröffnen, ein Schnapslädchen.«

Die Ex-Hebamme folgte diesem Rat, sie etablierte sich mit einer Schnapsbutike am Hafen, machte gute Geschäfte, und sie hätte gewiß ein Vermögen erworben, wenn nicht unglücklicherweise sie selbst ihre beste Kunde gewesen wäre. Sie verkaufte auch Tabak, und ich sah sie oft vor ihrem Laden stehen mit ihrer rot aufgedunsenen Schnupftabaksnase, eine lebende Reklame, die manchen gefühlvollen Seemann anlockte.

Zu den schönen Eigenschaften meines Vaters gehörte vorzüglich seine große Höflichkeit, die er, als ein wahrhaft vornehmer Mann, ebensosehr gegen Arme wie gegen Reiche ausübte. Ich bemerkte dieses besonders in den oberwähnten Sitzungen, wo er, den armen Leuten ihre Geldtüte verabreichend, ihnen immer einige höfliche Worte sagte.

Ich konnte da etwas lernen, und in der Tat, mancher berühmte Wohltäter, der den armen Leuten immer die Tüte an den Kopf warf, daß man mit jedem Taler auch ein Loch in den Kopf bekam, hätte hier bei meinem höflichen Vater etwas lernen können. Er befragte die meisten armen Weiber nach ihrem Befinden, und er war so gewohnt an die Redeformel »Ich habe die Ehre«, daß er sie auch anwandte, wenn er mancher Vettel, die etwa unzufrieden und patzig, die Türe zeigte.

Gegen die alte Flader war er am höflichsten, und er bot ihr immer einen Stuhl. Sie war auch wirklich so schlecht auf den Beinen und konnte mit ihrer Handkrücke kaum forthumpeln.

Als sie zum letztenmal zu meinem Vater kam, um ihr Monatsgeld abzuholen, war sie so zusammenfallend, daß ihr Enkel, der Jupp, sie führen mußte. Dieser warf mir einen sonderbaren Blick zu, als er mich an dem Tische neben meinem Vater sitzen sah. Die Alte erhielt außer der kleinen Tüte auch noch eine ganz große Privattüte von meinem Vater, und sie ergoß sich in einen Strom von Segenswünschen und Tränen.

Es ist fürchterlich, wenn eine alte Großmutter so stark weint. Ich hätte selbst weinen können, und die alte Frau mochte es mir wohl anmerken. Sie konnte nicht genug rühmen, welch ein hübsches Kind ich sei, und sie sagte, sie wollte die Muttergottes bitten, dafür zu sorgen, daß ich niemals im Leben Hunger leiden und bei den Leuten betteln müsse.

Mein Vater ward über diese Worte etwas verdrießlich, aber die Alte meinte es ehrlich; es lag in ihrem Blick etwas so Geisterhaftes, aber zugleich Frömmiges und Liebreiches, und sie sagte zuletzt zu ihrem Enkel: »Geh, Jupp, und küsse dem lieben Kinde die Hand.« Der Jupp schnitt eine säuerliche Grimasse, aber er gehorchte dem Befehl der Großmutter; ich fühlte auf meiner Hand seine brennenden Lippen wie den Stich einer Viper. Schwerlich konnte ich sagen warum, aber ich zog aus der Tasche alle meine Fettmännchen und gab sie dem Jupp, der mit einem roh blöden Gesicht sie Stück vor Stück zählte und endlich ganz gelassen in die Tasche seiner Bux steckte.

Zur Belehrung des Lesers bemerke ich, daß »Fettmännchen« der Name einer fettigdicken Kupfermünze ist, die ungefähr einen Sou wert ist.

Die alte Flader ist bald darauf gestorben, aber der Jupp ist gewiß noch am Leben, wenn er nicht seitdem gehenkt worden ist. – Der böse Bube blieb unverändert. Schon den andern Tag nach unserm Zusammentreffen bei meinem Vater begegnete ich ihm auf der Straße. Er ging mit seiner wohlbekannten langen Fischerrute. Er schlug mich wieder mit diesem Stecken, warf auch wieder nach mir mit einigen Roßäpfeln und schrie wieder das fatale »Haarüh!«, und zwar so laut und die Stimme des Dreckmichels so treu nachahmend, daß der Esel desselben, der sich mit dem Karren zufällig in einer Nebengasse befand, den Ruf seines Herrn zu vernehmen glaubte und ein fröhliches »I-A« erschallen ließ.

Wie gesagt, die Großmutter des Jupp ist bald darauf gestorben, und zwar in dem Ruf einer Hexe, was sie gewiß nicht war, obgleich unsere Zippel steif und fest das Gegenteil behauptete.

Zippel war der Name einer noch nicht sehr alten Person, welche eigentlich Sibylle hieß, meine erste Wärterin war und auch später im Hause blieb. Sie befand sich zufällig im Zimmer am Morgen der erwähnten Szene, wo die alte Flader mir so viele Lobsprüche erteilte und die Schönheit des Kindes bewunderte. Als die Zippel diese Worte hörte, erwachte in ihr der alte Volkswahn, daß es den Kindern schädlich sei, wenn sie solchermaßen gelobt werden, daß sie dadurch erkranken oder von einem Übel befallen werden, und um das Übel abzuwenden, womit sie mich bedroht glaubte, nahm sie ihre Zuflucht zu dem vom Volksglauben als probat empfohlene Mittel, welches darin besteht, daß man das gelobte Kind dreimal anspucken muß. Sie kam auch gleich auf mich zugesprungen und spuckte mir hastig dreimal auf den Kopf.

Doch dieses war erst ein provisorisches Bespeien, denn die Wissenden behaupten, wenn die bedenkliche Lobspende von einer Hexe gemacht worden, so könne der böse Zauber nur durch eine Person gebrochen werden, die ebenfalls eine Hexe, und so entschloß sich die Zippel, noch denselben Tag zu einer Frau zu gehen, die ihr als Hexe bekannt war und ihr auch, wie ich später erfahren, manche Dienste durch ihre geheimnisvolle und verbotene Kunst geleistet hatte. Die Hexe bestrich mir mit ihrem Daumen, den sie mit Speichel angefeuchtet, den Scheitel des Hauptes, wo sie einige Haare abgeschnitten; auch andere Stellen bestrich sie solchermaßen, während sie allerlei Abrakadabra-Unsinn dabei murmelte, und so ward ich vielleicht schon frühe zum Teufelspriester ordiniert.

Jedenfalls hat diese Frau, deren Bekanntschaft mir seitdem verblieb, mich späterhin, als ich schon erwachsen, in die geheime Kunst iniziert.

Ich bin zwar selbst kein Hexenmeister geworden, aber ich weiß, wie gehext wird, und besonders weiß ich, was keine Hexerei ist.

Jene Frau nannte man die Meisterin oder auch die Göchin, weil sie aus Goch gebürtig war, wo auch ihr verstorbener Gatte, der das verrufene Gewerbe eines Scharfrichters trieb, sein Domizil hatte und von nah und fern zu Amtsverrichtungen gerufen wurde. Man wußte, daß er seiner Witwe mancherlei Arkana hinterlassen, und diese verstand es, diesen Ruf auszubeuten.

Ihre besten Kunden waren Bierwirte, denen sie die Totenfinger verkaufte, die sie noch aus der Verlassenschaft ihres Mannes zu besitzen vorgab. Das sind Finger eines gehenkten Diebes, und sie dienen dazu, das Bier im Fasse wohlschmeckend zu machen und zu vermehren. Wenn man nämlich den Finger eines Gehenkten, zumal eines unschuldig Gehenkten, an einem Bindfaden befestigt im Fasse hinabhängen läßt, so wird das Bier dadurch nicht bloß wohlschmeckender, sondern man kann aus besagtem Fasse doppelt, ja vierfach soviel zapfen wie aus einem gewöhnlichen Fasse von gleicher Größe. Aufgeklärte Bierwirte pflegen ein rationaleres Mittel anzuwenden, um das Bier zu vermehren, aber es verliert dadurch an Stärke.

Auch von jungen Leuten zärtlichen Herzens hatte die Meisterin viel Zuspruch, und sie versah sie mit Liebesträcken, denen sie in ihrer scharlatanischen Latinitätswut, wo sie das Latein noch lateinischer klingen lassen wollte, den Namen eines Philtrariums erteilte; den Mann, der den Trank seiner Schönen eingab, nannte sie den Philtrarius, und die Dame hieß dann die Philtrariata.

Es geschah zuweilen, daß das Philtrarium seine Wirkung verfehlte oder gar eine entgegengesetzte hervorbrachte. So hatte z.B. ein ungeliebter Bursche, der seine spröde Schöne beschwatzt hatte, mit ihm eine Flasche Wein zu trinken, ein Philtrarium unversehens in ihr Glas gegossen, und er bemerkte auch in dem Benehmen seiner Philtrariata, sobald sie getrunken hatte, eine seltsame Veränderung, eine gewisse

Benautigkeit, die er für den Durchbruch einer Liebesbrunst hielt, und glaubte sich dem großen Momente nahe. Aber ach! als er die Errötende jetzt gewaltsam in seine Arme schloß, drang ihm ein Duft in die Nase, der nicht zu den Parfümerien Amors gehört, er merkte, daß das Philtrarium vielmehr als ein Laxarium agierte, und seine Leidenschaft ward dadurch gar widerwärtig abgekühlt.

Die Meisterin rettete den Ruf ihrer Kunst, indem sie behauptete, den unglücklichen Philtrarius mißverstanden und geglaubt zu haben, er wolle von seiner Liebe geheilt sein.

Besser als ihre Liebestränke waren die Ratschläge, womit die Meisterin ihre Philtrarien begleitete; sie riet nämlich, immer etwas Gold in der Tasche zu tragen, indem Gold sehr gesund sei und besonders dem Liebenden Glück bringe. Wer erinnert sich nicht hier an des ehrlichen Jagos Worte im »Othello«, wenn er dem verliebten Rodrigo sagt: »Take money in your pocket!«

Mit dieser großen Meisterin stand nun unsere Zippel in intimer Bekanntschaft, und wenn es jetzt nicht eben mehr Liebestränke waren, die sie hier kaufte, so nahm sie doch die Kunst der Göchin manchmal in Anspruch, wenn es galt, an einer beglückten Nebenbuhlerin, die ihren eigenen ehemaligen Schatz heuratete, sich zu rächen, indem sie ihr Unfruchtbarkeit oder dem Ungetreuen die schnödeste Entmannung anhexen ließ. Das Unfruchtbarmachen geschah durch Nestelknüpfen. Das ist sehr leicht: man begibt sich in die Kirche, wo die Trauung der Brautleute stattfindet, und in dem Augenblick, wo der Priester über dieselben die Trauungsformel ausspricht, läßt man ein eisernes Schloß, welches man unter der Schürze verborgen hielt, schnell zuklappen; so wie jenes Schloß verschließt sich auch jetzt der Schoß der Neuvermählten.

Die Zeremonien, welche bei der Entmannung beobachtet werden, sind so schmutzig und haarsträubend grauenhaft, daß ich sie unmöglich mitteilen kann. Genug, der Patient wird nicht im gewöhnlichen Sinne unfähig gemacht, sondern in der wahren Bedeutung des Wortes seiner Geschlechtlichkeit beraubt, und die Hexe, welche im Besitze des Raubes bleibt, bewahrt folgendermaßen dieses Corpus delicti, dieses Ding ohne Namen, welches sie auch kurzweg »das Ding« nennt; die lateinsüchtige Göcherin nannte es immer einen Numen Pompilius, wahrscheinlich eine Reminiszenz an König Numa, den weisen Gesetzgeber, den Schüler der Nymphe Egeria, der gewiß nie geahnt, wie schändlich sein ehrlicher Namen einst mißbraucht würde.

Die Hexe verfährt wie folgt. Das Ding, dessen sie sich bemächtigt, legt sie in ein leeres Vogelnest und befestigt dasselbe ganz hoch zwischen den belaubten Zweigen eines Baumes; auch die Dinger, die sie später ihren Eigentümern entwenden konnte, legt sie in dasselbe Vogelnest, doch so, daß nie mehr als ein halb Dutzend darin zu liegen kommen. Im Anfang sind die Dinger sehr kränklich und miserabel, vielleicht durch Emotion und Heimweh, aber die frische Luft stärkt sie, und sie geben Laute von sich wie das Zirpen von Zikaden. Die Vögel, die den Baum umflattern, werden davon getäuscht und meinen, es seien noch unbefiederte Vögel, und aus Barmherzigkeit kommen sie mit Speise in ihren Schnäblein, um die mutterlosen Waisen zu füttern, was diese sich wohl gefallen lassen, so daß sie dadurch erstarken, ganz fett und gesund werden und nicht mehr leise zirpen, sondern laut zwitschern. Drob freut sich nun die Hexe, und in kühlen Sommernächten, wenn der Mond recht deutschsentimental herunterscheint, setzt sich die Hexe unter den Baum, horchend dem Gesang der Dinger, die sie dann ihre süßen Nachtigallen nennt.

Sprenger in seinem »Hexenhammer«, »Malleus maleficarum«, erwähnt auch diese Verruchtheiten der Unholdinnen in bezug auf obige Zauberei, und ein alter Autor, den Scheible in seinem »Kloster« zitiert und dessen Name mir entfallen, erzählt, wie die Hexen oft gezwungen werden, ihre Beute den Entmannten zurückzugeben.

Die Hexe begeht den Mannheitsdiebstahl aber meistens in der Absicht, von den Entmannten durch die Restitution ein sogenanntes Kostgeld zu erpressen. Bei dieser Zurückgabe des entwendeten Gegenstands gibt es zuweilen Verwechselungen und Quiproquos, die sehr ergötzlicher Art, und ich kenne die Geschichte eines Domherrn, dem ein falscher Numa Pompilius zurückgeliefert ward, der, wie die Haushälterin des geistlichen Herrn, seine Nymphe Egeria, behauptete, eher einem Türken als einem Christenmenschen angehört haben mußte.

Als einst ein solcher Entmannter auf Restitution drang, befahl ihm die Hexe, eine Leiter zu nehmen und ihr in den Garten zu folgen, dort auf den vierten Baum hinaufzusteigen und in einem Vogelnest, das er hier befestigt fände, das verlorene Gut wieder herauszusuchen. Der arme Mensch befolgte die Instruktion, hörte aber, wie die Hexe ihm lachend zurief: »Ihr habt eine zu große Meinung von Euch. Ihr irrt Euch, was Ihr da herausgezogen, gehört einem sehr großen geistlichen Herrn, und ich käme in die größte Schererei, wenn es mir abhanden käme.«

Es war aber wahrlich nicht die Hexerei, was mich zuweilen zur Göcherin trieb. Ich unterhielt die Bekanntschaft mit der Göcherin, und ich mochte wohl schon in einem Alter von sechzehn Jahren sein, als ich öfter als früher nach ihrer Wohnung ging, hingezogen von einer Hexerei, die stärker war als alle ihre lateinisch bombastischen Philtraria. Sie hatte nämlich eine Nichte, welche ebenfalls kaum sechzehn Jahre alt war, aber, plötzlich aufgeschossen zu einer hohen, schlanken Gestalt, viel älter zu sein schien. Das plötzliche Wachstum war auch schuld, daß sie äußerst mager war. Sie hatte jene enge Taille, welche wir bei den Quarteronen in Westindien bemerken, und da sie kein Korsett und kein Dutzend Unterröcke trug, so glich ihre enganliegende Kleidung dem nassen Gewand einer Statue. Keine marmorne Statue konnte freilich mit ihr an Schönheit wetteifern, da sie das Leben selbst und jede Bewegung die Rhythmen ihres Leibes, ich möchte sagen sogar die Musik ihrer Seele offenbarte. Keine von den Töchtern der Niobe hatte ein edler geschnittenes Gesicht; die Farbe desselben wie ihre Haut überhaupt war von einer etwas wechselnden Weiße. Ihre großen tiefdunklen Augen sahen aus, als hätten sie ein Rätsel aufgegeben und warteten ruhig auf die Lösung, während der Mund mit den schmalen, hochaufgeschürzten Lippen und den kreideweißen, etwas länglichen Zähnen zu sagen schien: ›Du bist zu dumm und wirst vergebens raten.‹

Ihr Haar war rot, ganz blutrot, und hing in langen Locken bis über ihre Schultern hinab, so daß sie dasselbe unter dem Kinn zusammenbinden konnte. Das gab ihr aber das Aussehen, als habe man ihr den Hals abgeschnitten und in roten Strömen quölle daraus hervor das Blut.

Die Stimme der Josepha oder des roten »Sefchen«, wie man die schöne Nichte der Göcherin nannte, war nicht besonders wohllautend, und ihr Sprachorgan war manchmal bis zur Klanglosigkeit verschleiert; doch plötzlich, wenn die Leidenschaft eintrat, brach der metallreichste Ton hervor, der mich ganz besonders durch den Umstand ergriff, daß die Stimme der Josepha mit der meinigen eine so große Ähnlichkeit hatte.

Wenn sie sprach, erschrak ich zuweilen und glaubte mich selbst sprechen zu hören, und auch ihr Gesang erinnerte mich an Träume, wo ich mich selber mit derselben Art und Weise singen hörte.

Sie wußte viele alte Volkslieder und hat vielleicht bei mir den Sinn für diese Gattung geweckt, wie sie gewiß den größten Einfluß auf den erwachenden Poeten übte, so daß meine ersten Gedichte der »Traumbilder«, die ich bald darauf schrieb, ein düstres und grausames Kolorit haben, wie das Verhältnis, das damals seine blutrünstigen Schatten in mein junges Leben und Denken warf.

Unter den Liedern, die Josepha sang, war ein Volkslied, das sie von der Zippel gelernt und welches diese auch mir in meiner Kindheit oft vorgesungen, so daß ich zwei Strophen im Gedächtnis behielt, die ich um so lieber hier mitteilen will, da ich das Gedicht in keiner der vorhandenen Volksliedersammlungen fand. Sie lauten folgendermaßen – zuerst spricht der böse Tragig:

»Otilje lieb, Otilje mein,
Du wirst wohl nicht die letzte sein –
Sprich, willst du hängen am hohen Baum?
Oder willst du schwimmen im blauen See?
Oder willst du küssen das blanke Schwert,
Was der liebe Gott beschert?«

Hierauf antwortet Otilje:

»Ich will nicht hängen am hohen Baum,
Ich will nicht schwimmen im blauen See,
Ich will küssen das blanke Schwert,
Was der liebe Gott beschert!«

Als das rote Sefchen einst, das Lied singend, an das Ende dieser Strophe kam und ich ihr die innere Bewegung abmerkte, ward auch ich so erschüttert, daß ich in ein plötzliches Weinen ausbrach, und wir fielen uns beide schluchzend in die Arme, sprachen kein Wort, wohl eine Stunde lang, während uns die Tränen aus den Augen rannen und wir uns wie durch einen Tränenschleier ansahen.

Ich bat Sefchen, mir jene Strophen aufzuschreiben, und sie tat es, aber sie schrieb sie nicht mit Tinte, sondern mit ihrem Blute; das rote Autograph kam mir später abhanden, doch die Strophen blieben mir unauslöschlich im Gedächtnis.

Der Mann der Göchin war der Bruder von Sefchens Vater, welcher ebenfalls Scharfrichter war, doch da derselbe früh starb, nahm die Göchin das kleine Kind zu sich. Aber als bald darauf ihr Mann starb und sie sich in Düsseldorf ansiedelte, übergab sie das Kind dem Großvater, welcher ebenfalls Scharfrichter war und im Westfälischen wohnte.

Hier, in dem »Freihaus«, wie man die Scharfrichterei zu nennen pflegt, verharrte Sefchen bis zu ihrem vierzehnten Jahre, wo der Großvater starb und die Göchin die ganz Verwaiste wieder zu sich nahm.

Durch die Unehrlichkeit ihrer Geburt führte Sefchen von ihrer Kindheit bis ins Jungfrauenalter ein vereinsamtes Leben, und gar auf dem Freihof ihres Großvaters war sie von allem gesellschaftlichen Umgang abgeschieden. Daher ihre Menschenscheu, ihr sensitives Zusammenzucken vor jeder fremden Berührung, ihr geheimnisvolles Hinträumen, verbunden mit dem störrigsten Trutz, mit der patzigsten Halsstarrigkeit und Wildheit.

Sonderbar! sogar in ihren Träumen, wie sie mir einst gestand, lebte sie nicht mit Menschen, sondern sie träumte nur von Tieren.

In der Einsamkeit der Scharfrichterei konnte sie sich nur mit den alten Büchern des Großvaters beschäftigen, welcher letztere ihr zwar Lesen und Schreiben selbst lehrte, aber doch äußerst wortkarg war.

Manchmal war er mit seinen Knechten auf mehrere Tage abwesend, und das Kind blieb dann allein im Freihaus, welches nahe am Hochgericht in einer waldigen Gegend sehr einsam gelegen war. Zu Hause blieben nur drei alte Weiber mit greisen Wackelköpfen, die beständig ihre Spinnräder schnurren ließen, hüstelten, sich zankten und viel Branntewein tranken.

Besonders in Winternächten, wo der Wind draußen die alten Eichen schüttelte und der große flackernde Kamin so sonderbar heulte, ward es dem armen Sefchen sehr unheimlich im einsamen Hause; denn alsdann fürchtete man auch den Besuch der Diebe, nicht der lebenden, sondern der toten, der gehenkten, die vom Galgen sich losgerissen und an die niederen Fensterscheiben des Hauses klopften und Einlaß verlangten, um sich ein bißchen zu wärmen. Sie schneiden so jämmerlich verfrorene Grimassen. Man kann sie nur dadurch verscheuchen, daß man aus der Eisenkammer ein Richtschwert holt und ihnen damit droht; alsdann huschen sie wie ein Wirbelwind von dannen.

Manchmal lockt sie nicht bloß das Feuer des Herdes, sondern auch die Absicht, die ihnen vom Scharfrichter gestohlenen Finger wieder zu stehlen. Hat man die Tür nicht hinlänglich verriegelt, so treibt sie auch noch im Tode das alte Diebesgelüste, und sie stehlen die Laken aus den Schränken und Betten. Eine von den alten Frauen, die einst einen solchen Diebstahl noch zeitig bemerkte, lief dem toten Diebe nach, der im Winde das Laken flattern ließ, und einen Zipfel erfassend, entriß sie ihm den Raub, als er den Galgen erreicht hatte und sich auf das Gebälke desselben flüchten wollte.

Nur an Tagen, wo der Großvater sich zu einer großen Hinrichtung anschickte, kamen aus der Nachbarschaft die Kollegen zum Besuche, und dann wurde gesotten, gebraten, geschmaust, getrunken, wenig gesprochen und gar nicht gesungen. Man trank aus silbernen Bechern, statt daß dem unehrlichen Freimeister oder gar seinen Freiknechten in den Wirtshäusern, wo sie einkehrten, nur eine Kanne mit hölzernem Deckel gereicht wurde, während man allen anderen Gästen aus Kannen mit zinnernen Deckeln zu trinken gab. An manchen Orten wird das Glas zerbrochen, woraus der Scharfrichter getrunken; niemand spricht mit ihm, jeder vermeidet die geringste Berührung. Diese Schmach ruht auf seiner ganzen Sippschaft, weshalb auch die Scharfrichterfamilien nur untereinander heuraten.

Als Sefchen, wie sie mir erzählte, schon acht Jahr alt war, kamen an einem schönen Herbsttage eine ungewöhnliche Anzahl von Gästen aufs Gehöft des Großvaters, obgleich eben keine Hinrichtung oder sonstige peinliche Amtspflicht zu vollstrecken stand. Es waren ihrer wohl über ein Dutzend, fast alle sehr alte Männchen mit eisgrauen oder kahlen Köpfchen, die unter ihren langen roten Mänteln ihr Richtschwert und ihre sonntäglichsten, aber ganz altfränkischen Kleider trugen. Sie kamen, wie sie sagten, um zu »tagen«, und was Küche und Keller am Kostbarsten besaß, ward ihnen beim Mittagsmahl aufgetischt.

Es waren die ältesten Scharfrichter aus den entferntesten Gegenden, hatten einander lange nicht gesehen, schüttelten sich unaufhörlich die Hände, sprachen wenig und oft in einer geheimnisvollen Zeichensprache und amüsierten sich in ihrer Weise, das heißt »moult tristement«, wie

Froissart von den Engländern sagte, die nach der Schlacht bei Poitiers bankettierten.

Als die Nacht hereinbrach, schickte der Hausherr seine Knechte aus dem Hause, befahl der alten Schaffnerin, aus dem Keller drei Dutzend Flaschen seines besten Rheinweins zu holen und auf den Steintisch zu stellen, der draußen vor den großen, einen Halbkreis bildenden Eichen stand; auch die Eisenleuchter für die Kienlichter befahl er dort aufzustellen, und endlich schickte er die Alte nebst den zwei anderen Vetteln mit einem Vorwande aus dem Hause. Sogar an des Hofhundes kleinem Stall, wo die Planken eine Öffnung ließen, verstopfte er dieselben mit einer Pferdedecke; der Hund ward sorgsam angekettet.

Das rote Sefchen ließ der Großvater im Hause, er gab ihr den Auftrag, den großen silbernen Pokal, worauf die Meergötter mit ihren Delphinen und Muscheltrompeten abgebildet, rein auszuschwenken und auf den erwähnten Steintisch zu stellen – dann aber, setzte er mit Befangenheit hinzu, solle sie sich unverzüglich in ihrem Schlafkämmerlein zu Bette begeben.

Den Neptunspokal hat das rote Sefchen ganz gehorsamlich ausgeschwenkt und auf den Steintisch zu den Weinflaschen gestellt, aber zu Bette ging sie nicht, und von Neugier getrieben, verbarg sie sich hinter einem Gebüsche nahe bei den Eichen, wo sie zwar wenig hören, jedoch alles genau sehen konnte, was vorging.

Die fremden Männer mit dem Großvater an ihrer Spitze kamen feierlich paarweis herangeschritten und setzten sich auf hohen Holzblöcken im Halbkreis um den Steintisch, wo die Harzlichter angezündet worden und ihre ernsthaften, steinharten Gesichter gar grauenhaft beleuchteten.

Sie saßen lange schweigend oder vielmehr in sich hinein murmelnd, vielleicht betend. Dann goß der Großvater den Pokal voll Wein, den jeder nun austrank und mit wieder neu eingeschenktem Wein seinem Nachbar zustellte; nach jedem Trunk schüttelte man sich auch biderbe die Hände.

Endlich hielt der Großvater eine Anrede, wovon das Sefchen wenig hören konnte und gar nichts verstand, die aber sehr traurige Gegenstände zu behandeln schien, da große Tränen aus des alten Mannes Augen herabtropften und auch die anderen alten Männer bitterlich zu weinen anfingen, was ein entsetzlicher Anblick war, da diese Leute sonst so hart und verwittert aussahen wie die grauen Steinfiguren vor einem

Kirchenportal – und jetzt schossen Tränen aus den stieren Steinaugen, und sie schluchzten wie die Kinder.

Der Mond sah dabei so melancholisch aus seinen Nebelschleiern am sternlosen Himmel, daß der kleinen Lauscherin das Herz brechen wollte vor Mitleid. Besonders rührte sie der Kummer eines kleinen alten Mannes, der heftiger als die anderen weinte und so laut jammerte, daß sie ganz gut einige seiner Worte vernahm – er rief unaufhörlich: »O Gott! o Gott! das Unglück dauert schon so lange, das kann eine menschliche Seele nicht länger tragen. O Gott, du bist ungerecht, ja ungerecht.« – Seine Genossen schienen ihn nur mit großer Mühe beschwichtigen zu können.

Endlich erhob sich wieder die Versammlung von ihren Sitzen, sie warfen ihre roten Mäntel ab, und, jeder sein Richtschwert unterm Arme haltend, je zwei und zwei begaben sie sich hinter einen Baum, wo schon ein eiserner Spaten bereit stand, und mit diesem Spaten schaufelte einer von ihnen in wenigen Augenblicken eine tiefe Grube. Jetzt trat Sefchens Großvater heran, welcher seinen roten Mantel nicht wie die anderen abgelegt hatte, und langte darunter ein weißes Paket hervor, welches sehr schmal, aber über eine Brabanter Elle lang sein mochte und mit einem Bettlaken umwickelt war; er legte dasselbe sorgsam in die offene Grube, die er mit großer Hast wieder zudeckte.

Das arme Sefchen konnte es in seinem Versteck nicht länger aushalten; bei dem Anblick jenes geheimnisvollen Begräbnisses sträubten sich ihre Haare, das arme Kind trieb die Seelenangst von dannen, sie eilte in ihr Schlafkämmerlein, barg sich unter die Decke und schlief ein.

Am anderen Morgen erschien dem Sefchen alles wie ein Traum, aber da sie hinter dem bekannten Baum den aufgefrischten Boden sah, merkte sie wohl, daß alles Wirklichkeit war. Sie grübelte lange darüber nach, was dort wohl vergraben sein mochte: ein Kind? ein Tier? ein Schatz? – sie sagte aber niemandem ein Sterbenswort von dem nächtlichen Begebnis, und da die Jahre vergingen, trat dasselbe in den Hintergrund ihres Gedächtnisses.

Erst fünf Jahre später, als der Großvater gestorben und die Göcherin kam, um das Mädchen nach Düsseldorf abzuholen, wagte dasselbe der Muhme ihr Herz zu öffnen. Diese aber war über die seltsame Geschichte weder erschrocken noch verwundert, sondern höchlich erfreut, und sie sagte, daß weder ein Kind noch eine Katze noch ein Schatz in der

Grube verborgen läge, wohl aber das alte Richtschwert des Großvaters, womit derselbe hundert armen Sündern den Kopf abgeschlagen habe. Nun sei es aber Brauch und Sitte der Scharfrichter, daß sie ein Schwert, womit hundertmal das hochnotpeinliche Amt verrichtet worden, nicht länger behalten oder gar benutzen; denn ein solches Richtschwert sei nicht wie andere Schwerter, es habe mit der Zeit ein heimliches Bewußtsein bekommen und bedürfe am Ende der Ruhe im Grabe wie ein Mensch.

Auch werden solche Schwerter, meinen viele, durch das viele Blutvergießen zuletzt grausam, und sie lechzen manchmal nach Blut, und oft um Mitternacht könne man deutlich hören, wie sie im Schranke, wo sie aufgehenkt sind, leidenschaftlich rasseln und rumoren; ja, einige werden so tückisch und boshaft ganz wie unsereins und betören den Unglücklichen, der sie in Händen hat, so sehr, daß er die besten Freunde damit verwundet. So habe mal in der Göcherin eigenen Familie ein Bruder den andern mit einem solchen Schwerte erstochen.

Nichtsdestoweniger gestand die Göcherin, daß man mit einem solchen Hundertmordschwert die kostbarsten Zauberstücke verrichten könne, und noch in derselben Nacht hatte sie nichts Eiligeres zu tun, als an dem bezeichneten Baum das verscharrte Richtschwert auszugraben, und sie verwahrte es seitdem unter anderem Zaubergeräte in ihrer Rumpelkammer.

Als sie einst nicht zu Hause war, bat ich Sefchen, mir jene Kuriosität zu zeigen. Sie ließ sich nicht lange bitten, ging in die besagte Kammer und trat gleich darauf hervor mit einem ungeheuren Schwerte, das sie trotz ihrer schmächtigen Arme sehr kräftig schwang, während sie schalkhaft drohend die Worte sang:

»Willst du küssen das blanke Schwert,
Das der liebe Gott beschert?«

Ich antwortete darauf in derselben Tonart: »Ich will nicht küssen das blanke Schwert – ich will das rote Sefchen küssen!«, und da sie sich aus Furcht, mich mit dem fatalen Stahl zu verletzen, nicht zur Gegenwehr setzen konnte, mußte sie es geschehen lassen, daß ich mit großer Herzhaftigkeit die feinen Hüften umschlang und die trutzigen Lippen küßte. Ja, trotz dem Richtschwert, womit schon hundert arme Schelme geköpft worden, und trotz der Infamia, womit jede Berührung des unehrlichen Geschlechtes jeden behaftet, küßte ich die schöne Scharfrichterstochter.

Ich küßte sie nicht bloß aus zärtlicher Neigung, sondern auch aus Hohn gegen die alte Gesellschaft und alle ihre dunklen Vorurteile, und in diesem Augenblicke loderten in mir auf die ersten Flammen jener zwei Passionen, welchen mein späteres Leben gewidmet blieb: die Liebe für schöne Frauen und die Liebe für die französische Revolution, den modernen furor francese, wovon auch ich ergriffen ward im Kampf mit den Landsknechten des Mittelalters.

Ich will meine Liebe für Josepha nicht näher beschreiben. Soviel aber will ich gestehen, daß sie doch nur ein Präludium war, welches den großen Tragödien meiner reiferen Periode voranging. So schwärmt Romeo erst für Rosalinde, ehe er seine Julia sieht.

In der Liebe gibt es ebenfalls, wie in der römisch-katholischen Religion, ein provisorisches Fegfeuer, in welchem man sich erst an das Gebratenwerden gewöhnen soll, ehe man in die wirkliche ewige Hölle gerät.

Hölle? Darf man der Liebe mit solcher Unart erwähnen? Nun, wenn ihr wollt, will ich sie auch mit dem Himmel vergleichen. Leider ist in der Liebe nie genau zu ermitteln, wo sie anfängt, mit der Hölle oder mit dem Himmel die größte Ähnlichkeit zu bieten, so wie man auch nicht weiß, ob nicht die Engel, die uns darin begegnen, etwa verkappte Teufel sind oder ob die Teufel dort nicht manchmal verkappte Engel sein mögen.

Aufrichtig gesagt: welche schreckliche Krankheit ist die Frauenliebe! Da hilft keine Inokulation, wie wir leider gesehen. Sehr gescheute und erfahrene Ärzte raten zu Ortsveränderung und meinen, mit der Entfernung von der Zauberin zerreiße auch der Zauber. Das Prinzip der Homöopathie, wo das Weib uns heilet von dem Weibe, ist vielleicht das probateste.

Soviel wirst du gemerkt haben, teurer Leser, daß die Inokulation der Liebe, welche meine Mutter in meiner Kindheit versuchte, keinen günstigen Erfolg hatte. Es stand geschrieben, daß ich von dem großen Übel, den Pocken des Herzens, stärker als andere Sterbliche heimgesucht werden sollte, und mein Herz trägt die schlechtvernarbten Spuren in so reichlicher Fülle, daß es aussieht wie die Gipsmaske des Mirabeau oder wie die Fassade des Palais Mazarin nach den glorreichen Juliustagen oder gar wie die Reputation der größten tragischen Künstlerin.

Gibt es aber gar kein Heilmittel gegen das fatale Gebreste? Jüngst meinte ein Psychologe, man könnte dasselbe bewältigen, wenn man gleich im Beginn des Ausbruchs einige geeignete Mittel anwende. Diese Vorschrift mahnt jedoch an das alte naive Gebetbuch, welches Gebete für alle Unglücksfälle, womit der Mensch bedroht ist, und unter anderen ein mehrere Seiten langes Gebet enthält, das der Schieferdecker abbeten solle, sobald er sich vom Schwindel ergriffen fühle und in Gefahr sei, vom Dache herabzufallen.

Ebenso töricht ist es, wenn man einem Liebeskranken anrät, den Anblick seiner Schönen zu fliehen und sich in der Einsamkeit an der Brust der Natur Genesung zu suchen. Ach, an dieser grünen Brust wird er nur Langeweile finden, und es wäre ratsamer, daß er, wenn nicht alle seine Energie erloschen, an ganz anderen und sehr weißen Brüsten, wo nicht Ruhe, so doch heilsame Unruhe suchte; denn das wirksamste Gegengift gegen die Weiber sind die Weiber; freilich hieße das, den Satan durch Beelzebub bannen, und dann ist in solchem Falle die Medizin oft noch verderblicher als die Krankheit. Aber es ist immer eine Chance, und in trostlosen Liebeszuständen ist der Wechsel der Innamorata gewiß das ratsamste, und mein Vater dürfte auch hier mit Recht sagen: »Jetzt muß man ein neues Fäßchen anstechen.«

Ja, laßt uns zu meinem lieben Vater zurückkehren, dem irgendeine mildtätige alte Weiberseele meinen öfteren Besuch bei der Göcherin und meine Neigung für das rote Sefchen denunziert hatte. Diese Denunziationen hatten jedoch keine andere Folge, als meinem Vater Gelegenheit zu geben, seine liebenswürdige Höflichkeit zu bekunden. Denn Sefchen sagte mir bald, ein sehr vornehmer und gepuderter Mann in Begleitung eines andern sei ihr auf der Promenade begegnet, und als ihm sein Begleiter einige Worte zugeflüstert, habe er sie freundlich angesehen und im Vorbeigehen grüßend seinen Hut vor ihr abgezogen.

Nach der näheren Beschreibung erkannte ich in dem grüßenden Manne meinen lieben gütigen Vater.

Nicht dieselbe Nachsicht zeigte er, als man ihm einige irreligiöse Spöttereien, die mir entschlüpft, hinterbrachte. Man hatte mich der Gottesleugnung angeklagt, und mein Vater hielt mir deswegen eine Standrede, die längste, die er wohl je gehalten und die folgendermaßen lautete: »Lieber Sohn! Deine Mutter läßt dich beim Rektor Schallmeyer Philosophie studieren. Das ist ihre Sache. Ich meinesteils liebe nicht die Philosophie, denn sie ist lauter Aberglauben, und ich bin Kaufmann und habe meinen Kopf nötig für mein Geschäft. Du kannst Philosoph sein, soviel du willst, aber ich bitte dich, sage nicht öffentlich, was du denkst, denn du würdest mir im Geschäft schaden, wenn meine Kunden erführen, daß ich einen Sohn habe, der nicht an Gott glaubt; besonders die Juden würden keine Velveteens mehr bei mir kaufen und sind ehrliche Leute, zahlen prompt und haben auch recht, an der Religion zu halten. Ich bin dein Vater und also älter als du und dadurch auch erfahrener; du darfst mir also aufs Wort glauben, wenn ich mir erlaube, dir zu sagen, daß der Atheismus eine große Sünde ist.«

241

Testament

Vor den unterzeichneten Notaren zu Paris, Herrn Ferdinand Léon Ducloux und Herrn Charles Louis Emile Rousse; und in Gegenwart von

1. Herrn Michel Jacob, Bäcker, wohnhaft zu Paris, Rue d'Amsterdam Nr. 60; und
2. Herrn Eugène Grouchy, Gewürzkrämer, wohnhaft zu Paris, Rue d'Amsterdam Nr. 52;

welche beide Zeugen den gesetzlich vorgeschriebenen Bedingungen entsprechen, wie sie den unterzeichneten Notaren auf separat an jeden von ihnen gerichtete Anfrage erklärt haben; und im Schlafzimmer des nachfolgend benannten Herrn Heine, gelegen im zweiten Stock eines Hauses, Rue d'Amsterdam Nr. 50; in welchem Schlafzimmer, das durch ein auf den Hof gehendes Fenster erhellt wird, die oben genannten, vom Testator gewählten Notare und Zeugen sich auf ausdrückliches Verlangen desselben versammelt haben,
Erschien
Herr Heinrich Heine, Schriftsteller und Doktor der Rechte, wohnhaft zu Paris, Rue d'Amsterdam Nr. 50;
welcher, krank an Körper, aber gesunden Geistes, Gedächtnisses und Verstandes, wie es den genannten Notaren und Zeugen bei der Unterhaltung mit ihm vorgekommen ist, im Hinblick auf den Tod, dem genannten Herrn Ducloux, in Gegenwart des Herrn Rousse und der Zeugen, sein Testament in folgender Weise diktiert hat:

§ 1. Ich ernenne zu meiner Universalerbin Mathilde Crescence Heine, geborene Mirat, meine rechtmäßige Ehefrau, mit welcher ich seit vielen Jahren meine guten und schlimmen Tage verbracht habe und welche mich während der Dauer meiner langen und schrecklichen Krankheit gepflegt hat. Ich vermache ihr als volles und gänzliches Eigentum, und ohne jede Bedingung oder Beschränkung, alles, was ich besitze und was ich bei meinem Ableben besitzen mag, und alle meine Rechte auf irgendein künftiges Besitztum.

§ 2. In einer Epoche, wo ich an eine begüterte Zukunft für mich glaubte, habe ich mich meines ganzen literarischen Eigentums unter sehr mäßigen Bedingungen entäußert; unglückliche Ereignisse haben später das kleine Vermögen, welches ich besaß, verschlungen, und meine Krankheit gestattet mir nicht, meine Vermögensverhältnisse zugunsten meiner Frau etwas zu verbessern. Die Pension, welche ich von meinem verstorbenen Oheim Salomon Heine erhalte und welche immer die Grundlage meines Budgets war, ist meiner Frau nur teilweise zugesichert; ich selbst hatte es so gewollt. Ich empfinde gegenwärtig das tiefste Bedauern, nicht besser für das gute Auskommen meiner Frau nach meinem Tode gesorgt zu haben. Die obenerwähnte Pension meines Oheims stellte im Grunde die Rente eines Kapitals dar, welches dieser väterliche Wohltäter nicht gern in meine geschäftsunkundigen Poetenhände legen wollte, um mir besser den dauernden Genuß davon zu sichern. Ich rechnete auf dies mir zugewiesene Einkommen, als ich eine Person an mein Schicksal knüpfte, die mein Oheim sehr schätzte und der er manches Zeichen liebevoller Zuneigung gab. Obwohl er in seinen testamentarischen Verfügungen nichts in offizieller Weise für sie getan hat, so ist doch nichtsdestoweniger anzunehmen, daß solches Vergessen viel mehr einem unseligen Zufalle als den Gefühlen des Verstorbenen beizumessen ist; er, dessen Freigebigkeit so viele Personen bereichert hat, die seiner Familie und seinem Herzen fremd waren, darf nicht einer kärglichen Knauserei beschuldigt werden, wo es sich um das Schicksal der Gemahlin eines Neffen handelte, der seinen Namen berühmt machte. Die geringsten Winke und Worte eines Mannes, der die Großmut selber war, müssen großmütig ausgelegt werden. Mein Vetter Carl Heine, der würdige Sohn seines Vaters, ist sich mit mir in diesen Gefühlen begegnet, und mit edler Bereitwilligkeit ist er meiner Bitte nachgekommen, als ich ihn ersuchte, die förmliche Verpflichtung zu übernehmen, nach meinem Ableben meiner Frau als lebenslängliche Rente die Hälfte der Pension zu zahlen, welche von seinem seligen Vater herrührte. Diese Übereinkunft hat am 25. Februar 1847 stattgefunden, und noch rührt mich die Erinnerung an die edlen Vorwürfe, welche mein Vetter, trotz unserer damaligen Zwistigkeiten, mir über mein geringes Vertrauen in seine Absichten betreffs meiner Frau machte; als er mir die Hand als Unterpfand seines Versprechens reichte, drückte ich sie an meine armen kranker Augen und benetzte sie mit Tränen. Seitdem hat sich meine Lage verschlimmert, und meine Krankheit hat viele Hilfsquellen versiegen machen, die ich meiner Frau hätte hinterlassen können. Diese unvorhergesehenen Wechselfälle und andere gewichtige Gründe zwingen mich, von neuem mich an die würdigen und rechtlichen Gefühle meines Vetters zu wenden: ich fordere ihn dringend auf, meine obenerwähnte Pension nicht um die Hälfte zu schmälern, indem er sie nach meinem Tode auf meine Frau überträgt, sondern ihr dieselbe unverkürzt auszuzahlen, wie ich sie bei Lebzeiten meines Oheims bezog.

Ich sage ausdrücklich: »Wie ich sie bei Lebzeiten meines Oheims bezog«, weil mein Vetter Carl Heine seit nahezu fünf Jahren, seit meine Krankheit sich stark verschlimmert hat, die Summe meiner Pension tatsächlich mehr als verdoppelte, für welche edelmütige Aufmerksamkeit ich ihm großen Dank schulde. Es ist mehr als wahrscheinlich, daß ich nicht nötig gehabt hätte, diesen Appell an die Liberalität meines Vetters zu richten; denn ich bin überzeugt, daß er mit der ersten Schaufel Erde, die er, nach seinem Rechte als mein nächster Anverwandter, auf mein Grab werfen wird, wenn er sich zur Zeit meines Abscheidens in Paris befindet, all jene peinlichen Beklagnisse vergessen wird, die ich so sehr bedauert und durch ein langwieriges Sterbelager gesühnt habe; er wird sich dann gewiß nur unserer einstmaligen herzlichen Freundschaft erinnern, jener Verwandtschaft und Übereinstimmung der Gefühle, die uns seit unserer zarten Jugend verband, und er wird der Witwe seines Freundes einen echt väterlichen Schutz angedeihen lassen; aber es ist für die Ruhe der einen wie der andern nicht unnütz, daß die Lebenden wissen, was die Toten von ihnen begehren.

§ 3. Ich wünsche, daß nach meinem Ableben alle meine Papiere und meine sämtlichen Briefe sorgfältig verschlossen und zur Verfügung meines Neffen Ludwig von Embden gehalten werden, dem ich meine weiteren Bestimmungen über den Gebrauch, den er davon machen soll, erteilen werde, ohne Präjudiz für die Eigentumsrechte meiner Universalerbin.

§ 4. Wenn ich sterbe, bevor die Gesamtausgabe meiner Werke erschienen ist, und wenn ich nicht die Leitung dieser Ausgabe habe übernehmen können oder selbst wenn mein Tod eintritt, bevor sie beendet ist, so bitte ich meinen Verwandten, Herrn Doktor Rudolf Christiani, mich in der Leitung dieser Publikation zu ersetzen, indem er sich streng an den Prospektus hält, den ich ihm zu diesem Zweck hinterlassen werde. Wenn mein Freund, Herr Campe, der Verleger meiner Werke, irgendwelche Änderungen in der Art und Weise wünscht, wie ich meine verschiedenen Schriften in dem genannten Prospektus geordnet habe, so wünsche ich, daß man ihm in dieser Hinsicht keine Schwierigkeiten bereite, da ich mich immer gern seinen buchhändlerischen Bedürfnissen gefügt habe. Die Hauptsache ist, daß in meinen Schriften keine Zeile eingeschaltet werde, die ich nicht ausdrücklich zur Veröffentlichung bestimmt habe oder die ohne die Unterschrift meines vollständigen Namens gedruckt worden ist; eine angenommene Chiffre genügt nicht, um mir ein Schriftstück zuzuschreiben, das in irgendeinem Journal veröffentlicht worden, da die Bezeichnung des Autors durch eine Chiffre immer von den Chefredakteuren abhing, die sich niemals die Gewohnheit versagten, in einem bloß mit einer Chiffre bezeichneten Artikel Änderungen am Inhalt oder der Form vorzunehmen. Ich verbiete ausdrücklich, daß unter irgendwelchem Vorwande irgendein Schriftstück eines andern, sei es so klein, wie es wolle, meinen Werken angehängt werde, falls es nicht eine biographische Notiz aus der Feder eines meiner alten Freunde wäre, den ich ausdrücklich mit einer solchen Arbeit betraut hätte. Ich setze voraus, daß mein Wille in dieser Beziehung, d.h. daß meine Bücher nicht dazu dienen, irgendein fremdes Schriftstück ins Schlepptau zu nehmen oder zu verbreiten, in seinem vollen Umfange loyal befolgt wird.

§ 5. Ich verbiete, meinen Körper nach meinem Hinscheiden eine Autopsie zu unterwerfen; nur glaube ich, da meine Krankheit oftmals einem starrsüchtigen Zustande glich, daß man die Vorsicht treffen sollte, mir vor meiner Beerdigung eine Ader zu öffnen.

§ 6. Wenn ich mich zur Zeit meines Ablebens in Paris befinde und nicht zu weit von Montmartre entfernt wohne, so wünsche ich auf dem Kirchhofe dieses Namens beerdigt zu werden, da ich eine Vorliebe für dieses Quartier hege, wo ich lange Jahre hindurch gewohnt habe.

§ 7. Ich verlange, daß mein Leichenbegängnis so einfach wie möglich sei und daß die Kosten meiner Beerdigung nicht den gewöhnlichen Betrag derjenigen des geringsten Bürgers übersteigen. Obschon ich durch den Taufakt der lutherischen Konfession angehöre, wünsche ich nicht, daß die Geistlichkeit dieser Kirche zu meinem Begräbnisse eingeladen werde; ebenso verzichte ich auf die Amtshandlung jeder andern

Priesterschaft, um mein Leichenbegängnis zu feiern. Dieser Wunsch entspringt aus keiner freigeistigen Anwandlung. Seit vier Jahren habe ich allem philosophischen Stolze entsagt und bin zu religiösen Ideen und Gefühlen zurückgekehrt; ich sterbe im Glauben an einen einzigen Gott, den ewigen Schöpfer der Welt, dessen Erbarmen ich anflehe für meine unsterbliche Seele. Ich bedaure, in meinen Schriften zuweilen von heiligen Dingen ohne die ihnen schuldige Ehrfurcht gesprochen zu haben, aber ich wurde mehr durch den Geist meines Zeitalters als durch meine eigenen Neigungen fortgerissen. Wenn ich unwissentlich die guten Sitten und die Moral beleidigt habe, welche das wahre Wesen aller monotheistischen Glaubenslehren ist, so bitte ich Gott und die Menschen um Verzeihung. Ich verbiete, daß irgendeine Rede, deutsch oder französisch, an meinem Grabe gehalten werde. Gleichzeitig spreche ich den Wunsch aus, daß meine Landsleute, wie glücklich sich auch die Geschicke unsrer Heimat gestalten mögen, es vermeiden, meine Asche nach Deutschland überzuführen; ich habe es nie geliebt, meine Person zu politischen Possenspielen herzugeben. Es war die große Aufgabe meines Lebens, an dem herzlichen Einverständnisse zwischen Deutschland und Frankreich zu arbeiten und die Ränke der Feinde der Demokratie zu vereiteln, welche die internationalen Vorurteile und Animositäten zu ihrem Nutzen ausbeuten. Ich glaube mich sowohl um meine Landsleute wie um die Franzosen wohlverdient gemacht zu haben, und die Ansprüche, welche ich auf ihren Dank besitze, sind ohne Zweifel das wertvollste Vermächtnis, das ich meiner Universalerbin zuwenden kann.

§ 8. Ich ernenne Herrn Maxime Jaubert, Rat im Kassationsgerichtshofe, zum Testamentsvollstrecker, und ich danke ihm für die bereitwillige Übernahme dieses Amtes.

Das vorliegende Testament ist so von Herrn Heinrich Heine diktiert und ganz von der Hand des Herrn Ducloux, eines der unterzeichneten Notare, geschrieben worden, wie es der Testator ihm diktiert hat, alles in Gegenwart der benannten Notare und der Zeugen, welche, darüber befragt, erklärt haben, daß sie nicht mit der Erbin verwandt seien.

Und nachdem es in Gegenwart derselben Personen dem Testator vorgelesen worden, hat er erklärt, dabei als dem genauen Ausdruck seines Willens zu verharren.

Geschehen und vollzogen zu Paris im oben bezeichneten Schlafzimmer des Herrn Heine.

Im Jahre achtzehnhunderteinundfünfzig, Donnerstag, den dreizehnten November, gegen sechs Uhr nachmittags.

Und nach abermaliger vollständiger Vorlesung haben der Testator und die Zeugen nebst den Notaren unterzeichnet.

F.-L. Ducloux
Ch.-E. Rousse
E. Grouchy
Henri Heine
M. Jacob

Biographie

1797 *13. Dezember:* Heinrich Heine wird in Düsseldorf als ältester Sohn des jüdischen Textilkaufmanns Samson Heine und seiner Ehefrau Elisabeth, geb. van Geldern, geboren.

1807 Heine besucht die Vorbereitungsklasse des Lyzeums.

1810 *April:* Eintritt in das Düsseldorfer Lyzeum.

1814 Heine verlässt das Gymnasium ohne Reifezeugnis und wechselt auf die Handelsschule.

1815 Bei dem Bankier Rindskopf in Frankfurt am Main beginnt Heine eine kaufmännische Lehre.

1816 Heine setzt die Lehre im Bankhaus seines Onkels Salomon Heine in Hamburg fort. Unglückliche Liebe zur Cousine Amalie.

1817 Unter Pseudonym veröffentlicht Heine erste Gedichte in »Hamburgs Wächter«.

1818 Mit Unterstützung des Onkels Salomon gründet Heine das Manufakturwarengeschäft »Harry Heine und Comp.« in Hamburg, in dem er vor allem englische Tuche verkauft.

1819 Heine meldet den Konkurs seines Geschäftes an.
März: Er immatrikuliert sich an der Universität Bonn zum Jurastudium, das von Salomon Heine finanziert wird. Neben juristischen hört er auch philosophische, philologische und historische Vorlesungen, u. a. bei August Wilhelm Schlegel und Ernst Moritz Arndt.

1820 Beginn der Arbeit an der Tragödie »Almansor«.
August: Im »Rheinisch-Westfälischen Anzeiger« erscheint Heines Aufsatz »Die Romantik«.
Oktober: Heine wechselt an die Universität Göttingen. Er beteiligt sich an geheimen burschenschaftlichen Versammlungen. Aus antisemitischen Gründen wird Heine aus der Burschenschaft ausgeschlossen.

1821 *Januar:* Wegen eines Duells erhält Heine für ein halbes Jahr Studienverbot an der Universität Göttingen.
April: Er immatrikuliert sich an der Universität in Berlin, wo er u. a. Vorlesungen bei Georg Wilhelm Friedrich Hegel hört.

Bekanntschaft mit Adelbert von Chamisso und Friedrich de la Motte Fouqué.
Begegnung mit Rahel und Karl August Varnhagen von Ense.
Einige Texte Heines, darunter Fragmente aus »Almansor«, erscheinen in der von Friedrich Wilhelm Gubitz herausgegebenen Zeitschrift »Der Gesellschafter«.
»Gedichte« (vordatiert auf 1822).

1822 Heine wird Mitglied im »Verein für Kultur und Wissenschaft der Juden«.
Reise nach Polen.
Begegnung mit Christian Dietrich Grabbe.
Oktober: Heine besucht Hegel.

1823 Der Bericht »Über Polen« wird im »Gesellschafter« publiziert.
Die Sammlung »Tragödien nebst einem lyrischen Intermezzo« erscheint, sie enthält die Dramen »William Ratcliff« und »Almansor«.
Beginn der Freundschaft mit Karl Leberecht Immermann.
Reise nach Lüneburg, Hamburg, Cuxhaven und Ritzebüttel.
August: »Almansor« wird in Braunschweig uraufgeführt.

1824 *Januar:* Heine immatrikuliert sich erneut an der Universität Göttingen.
Reise nach Berlin.
Er unternimmt eine Fußwanderung durch den Harz, aus der die Reisebeschreibung »Die Harzreise« hervorgeht (erscheint 1826 in »Der Gesellschafter«).
Oktober: Besuch bei Goethe in Weimar.

1825 *Juni:* Heine tritt zum evangelischen Glauben über und wird in Heiligenstadt auf den Namen Christian Johann Heinrich getauft.
Juli: Promotion zum Dr. jur. in Göttingen.
Sommerurlaub in Norderney. Heine siedelt nach Hamburg über und lebt fortan als freier Schriftsteller.

1826 Begegnung mit dem Hamburger Verleger Julius Campe, der künftig Heines Hauptverleger wird.
Der 1. Teil der »Reisebilder« erscheint (»Heimkehr«, »Die Harzreise«, »Die Nordsee, I.«).

1827 Reise nach England.
April: Der 2. Teil der »Reisebilder« erscheint (»Die Nordsee,

II. und III.«, »Xenien« von Immermann, »Ideen. Das Buch Le Grand« und »Briefe aus Berlin«).
Das »Buch der Lieder« (Gedichte) wird Heines publikumswirksamstes Werk und erlebt allein zu seinen Lebzeiten 13 Auflagen.
Reise über Frankfurt am Main, wo er Ludwig Börne trifft, Heidelberg und Stuttgart nach München.
Heine wird Mitherausgeber der »Neuen allgemeinen politischen Annalen«.
Die Absicht, eine Professur für Literaturgeschichte anzutreten, wird vom katholischen Klerus durchkreuzt.

1828 *August – November:* Aufenthalt in Italien: Mailand, Genua, Lucca, Florenz und Venedig.
Dezember: Tod des Vaters in Hamburg.

1829 *Februar:* Heine zieht nach Berlin.
April: Übersiedlung nach Potsdam.

1830 »Reisebilder III«.
Sommerurlaub auf Helgoland.
Heine erhält Nachricht von der Pariser Julirevolution.
Er schreibt die »Briefe aus Helgoland«, in denen er die Vorgänge der Julirevolution reflektiert.

1831 Aufgrund mangelnder Berufsperspektiven in Deutschland entschließt sich Heine zur Übersiedlung nach Paris.
Mai: Ankunft in Paris, wo er als Korrespondent für deutsche Zeitungen und Zeitschriften arbeitet.

1832 Heine nimmt an Versammlungen der Saint-Simonisten teil.
Der Abdruck seiner Artikelserie »Französische Zustände« in der Augsburger »Allgemeinen Zeitung« wird von Metternich nach einigen Folgen unterbunden.
Dezember: Die Buchausgabe »Französische Zustände« erscheint und wird in Preußen verboten.

1833 Heines Aufsatz »État actuel de la littérature en Allemagne. De l'Allemagne depuis Madame de Staël« erscheint in der Pariser Zeitschrift »L'Europe littéraire«.
Der erste von vier unter dem Titel »Salon« veröffentlichten Sammelbänden erscheint; er enthält den Aufsatz »Französische Maler«, den Gedichtzyklus »Verschiedene« und das Erzählfragment »Aus den Memoiren des Herren von Schnabelewopski«.

1834 Begegnung mit Crescence Eugénie Mirat (Mathilde), Heines späterer Lebensgefährtin.
Heine arbeitet an der Schrift »Zur Geschichte der Religion und Philosophie in Deutschland«, die unter dem Titel »De l'Allemagne depuis Luther« in der Zeitschrift »Revue des deux mondes« erscheint.

1835 Der zweite Band des »Salon«, der vor allem die deutsche Version des Aufsatzes zur Geschichte der Religion »Über Deutschland seit Luther« enthält, erscheint.
»Die romantische Schule« (überarbeitete Fassung von »État actuel de la littérature en Allemagne«, vordatiert auf 1836).
Dezember: In Preußen werden sämtliche Schriften Heines verboten.
10. Dezember: Die Deutsche Bundesversammlung verbietet sämtliche gedruckten wie ungedruckten Schriften des so genannten Jungen Deutschland, an erster Stelle die von Heine sowie die in Heines Hausverlag Hoffmann und Campe in Hamburg erschienenen.

1836 Die Französische Regierung gewährt Heine als politischem Emigranten eine Pension.
Heine erkrankt an Gelbsucht.

1837 Ernsthafte Augenerkrankung.
Der dritte Band des »Salon« erscheint, er enthält u. a. die Prosatexte »Florentinische Nächte« und »Elementargeister«.

1838 »Schwabenspiegel«.
»Shakespeares Mädchen und Frauen«.

1840 »Heinrich Heine über Ludwig Börne«.
Der vierte Band des »Salon« mit den »Briefen über die französische Bühne« und dem Erzählfragment »Rabbi von Bacherach« sowie Gedichten und Romanzen erscheint.

1841 Begegnung mit Richard Wagner.
August: Hochzeit mit Mathilde in Saint-Sulpice.
Nach einer Auseinandersetzung über seine Denkschrift über Börne duelliert sich Heine mit dem Frankfurter Kaufmann Salomon Strauß und wird an der Hüfte verletzt.
Beginn der Arbeit an dem satirischen Versepos »Atta Troll. Ein Sommernachtstraum«.

1842 Aufenthalt in Boulogne-sur-Mer.
1843 In der »Zeitung für die elegante Welt« erscheinen »Atta Troll. Ein Sommernachtstraum« (Buchausgabe 1847) und das Gedicht »Nachtgedanken«.
Aufenthalt in Trouville.
Begegnungen mit Arnold Ruge und Friedrich Hebbel.
Oktober–November: Heine reist nach Hamburg.
Nach der Rückkehr lernt er in Paris Karl Marx kennen.
1844 »Deutschland. Ein Wintermärchen«.
»Neue Gedichte«.
Bekanntschaft mit Ferdinand Lassalle.
Mitarbeit an den von Marx und Ruge herausgegebenen »Deutsch-Französischen Jahrbüchern«.
Juli: Zweiter Hamburg-Aufenthalt mit Mathilde.
Dezember: Nach dem Tod des Onkels Salomon Heine beginnen Erbschaftsstreitigkeiten innerhalb der Familie. Die Familienpension wird Heine nur unter der Bedingung weiterbezahlt, dass er in seinen Werken keine Familienangehörigen erwähnt.
1845 Zunehmende Verschlechterung des Gesundheitszustands Heines.
Er entgeht der für alle Mitarbeiter des »Vorwärts!« verfügten Ausweisung aus Frankreich.
Sommer: Aufenthalt in Montmorency.
1846 *September:* Besuch von Friedrich Engels in Paris.
1847 »Atta Troll. Ein Sommernachtstraum«.
1848 *Februar:* Heine arbeitet für die Augsburger »Allgemeine Zeitung« als Berichterstatter über die Pariser Februarrevolution.
Mai: Heine bricht im Louvre zusammen. Es wird eine Erkrankung an Rückenmarkschwindsucht diagnostiziert.
Krankenlager Heines in der »Matratzengruft« in der Avenue Matignon (bis zum Tod 1856).
1849 Arbeit an den Gedichten der »Romanzero«-Sammlung.
1850 Heine schreibt an seinen »Memoiren«.
1851 »Romanzero« (Gedichte).
»Der Doktor Faust« (Tanzpoem).
1853 Arbeit an der »Lutetia«, einer Sammlung aus den Berichten für die Augsburger »Allgemeine Zeitung«, und an der Schrift »Die Götter im Exil« (beide 1854 in den »Vermischten Schriften«).

1854 »Vermischte Schriften« (3 Bände).
1855 Besuche seiner Freundin Elise Krinitz (»Mouche«).
November: Die Geschwister Charlotte und Gustav kommen nach Paris.
1856 *17. Februar:* Heine stirbt in Paris und wird drei Tage später auf dem Friedhof Montmartre beerdigt.

Erzählungen aus dem Biedermeier

Biedermeier - das klingt in heutigen Ohren nach langweiligem Spießertum, nach geschmacklosen rosa Teetässchen in Wohnzimmern, die aussehen wie Puppenstuben und in denen es irgendwie nach »Omma« riecht.

Zu Recht. Aber nicht nur.

Biedermeier ist auch die Zeit einer zarten Literatur der Flucht ins Idyll, des Rückzuges ins private Glück und der Tugenden. Die Menschen im Europa nach Napoleon hatten die Nase voll von großen neuen Ideen, das aufstrebende Bürgertum forderte und entwickelte eine eigene Kunst und Kultur für sich, die unabhängig von feudaler Großmannssucht bestehen sollte.

Georg Büchner Lenz **Karl Gutzkow** Wally, die Zweiflerin **Annette von Droste-Hülshoff** Die Judenbuche **Friedrich Hebbel** Matteo **Jeremias Gotthelf** Elsi, die seltsame Magd **Georg Weerth** Fragment eines Romans **Franz Grillparzer** Der arme Spielmann **Eduard Mörike** Mozart auf der Reise nach Prag **Berthold Auerbach** Der Viereckig oder die amerikanische Kiste

ISBN 978-3-8430-1884-5, 444 Seiten, 29,80 €

Erzählungen aus dem Biedermeier II

Annette von Droste-Hülshoff Ledwina **Franz Grillparzer** Das Kloster bei Sendomir **Friedrich Hebbel** Schnock **Eduard Mörike** Der Schatz **Georg Weerth** Leben und Taten des berühmten Ritters Schnapphahnski **Jeremias Gotthelf** Das Erdbeerimareili **Berthold Auerbach** Lucifer

ISBN 978-3-8430-1885-2, 440 Seiten, 29,80 €

Erzählungen aus dem Biedermeier III

Eduard Mörike Lucie Gelmeroth **Annette von Droste-Hülshoff** Westfälische Schilderungen **Annette von Droste-Hülshoff** Bei uns zulande auf dem Lande **Berthold Auerbach** Brosi und Moni **Jeremias Gotthelf** Die schwarze Spinne **Friedrich Hebbel** Anna **Friedrich Hebbel** Die Kuh **Jeremias Gotthelf** Barthli der Korber **Berthold Auerbach** Barfüßele

ISBN 978-3-8430-1886-9, 452 Seiten, 29,80 €

Erzählungen der Frühromantik

1799 schreibt Novalis seinen Heinrich von Ofterdingen und schafft mit der blauen Blume, nach der der Jüngling sich sehnt, das Symbol einer der wirkungsmächtigsten Epochen unseres Kulturkreises. Ricarda Huch wird dazu viel später bemerken: »Die blaue Blume ist aber das, was jeder sucht, ohne es selbst zu wissen, nenne man es nun Gott, Ewigkeit oder Liebe.«

Tieck Peter Lebrecht **Günderrode** Geschichte eines Braminen **Novalis** Heinrich von Ofterdingen **Schlegel** Lucinde **Jean Paul** Des Luftschiffers Giannozzo Seebuch **Novalis** Die Lehrlinge zu Sais
ISBN 978-3-8430-1878-4, 416 Seiten, 29,80 €

Erzählungen der Hochromantik

Zwischen 1804 und 1815 ist Heidelberg das intellektuelle Zentrum einer Bewegung, die sich von dort aus in der Welt verbreitet. Individuelles Erleben von Idylle und Harmonie, die Innerlichkeit der Seele sind die zentralen Themen der Hochromantik als Gegenbewegung zur von der Antike inspirierten Klassik und der vernunftgetriebenen Aufklärung.

Chamisso Adelberts Fabel **Jean Paul** Des Feldpredigers Schmelzle Reise nach Flätz **Brentano** Aus der Chronika eines fahrenden Schülers **Motte Fouqué** Undine **Arnim** Isabella von Ägypten **Chamisso** Peter Schlemihls wundersame Geschichte **Hoffmann** Der Sandmann **Hoffmann** Der goldne Topf
ISBN 978-3-8430-1879-1, 408 Seiten, 29,80 €

Erzählungen der Spätromantik

Im nach dem Wiener Kongress neugeordneten Europa entsteht seit 1815 große Literatur der Sehnsucht und der Melancholie. Die Schattenseiten der menschlichen Seele, Leidenschaft und die Hinwendung zum Religiösen sind die Themen der Spätromantik.

Brentano Die drei Nüsse **Brentano** Geschichte vom braven Kasperl und dem schönen Annerl **Hoffmann** Das steinerne Herz **Eichendorff** Das Marmorbild **Arnim** Die Majoratsherren **Hoffmann** Das Fräulein von Scuderi **Tieck** Die Gemälde **Hauff** Phantasien im Bremer Ratskeller **Hauff** Jud Süss **Eichendorff** Viel Lärmen um Nichts **Eichendorff** Die Glücksritter
ISBN 978-3-8430-1880-7, 440 Seiten, 29,80 €